簡単にはじめる ぬか漬けの教科書

JN142198

塩山奈央

世界文化社

ぬか漬けが、あれば

美味しくて、体によい

ぬか床には、ビタミンB_1をはじめ、たくさんの栄養素が含まれています。
そこに乳酸菌などの菌の力によって酸味と旨味が加わり、
何とも複雑かつ爽やかな味わいとなるのです。
さらにぬか床のもつ乳酸菌は、腸内環境を整えてくれます。
美味しく食べられて、体にもいいなんて、何とも愛おしい食べものなのです。

お米好きにも、お酒好きにも

まずはビール、のお父さんも。
お腹すいた！ の子どもたちにも。
とりあえず、ぬか漬け。忙しい夕飯準備中も、ぬか漬けがあれば大丈夫！
ぬか漬けを掘り出して洗うのは、小さな子どもでも（お父さんでも！）できます。
お手伝いのきっかけにするのもよいでしょう。
ワインやシャンパーニュにもよく合います。

少量からでもつくれます

とにかく、気軽にはじめてほしいので、
いちばんシンプルな方法で、
一人分からのつくり方もご紹介します。
ぬか床をはじめるかどうか、
悩んでいる人にもおすすめです。
とりあえず、少量仕込んでから、
その先のことは考えましょう。

育てるためのコツがあります

十人十色。
ぬか床にはその言葉がぴったりだなぁ、と思います。
私もぬか床について謎なことはいまだにありますが、
続けるなかでこれは確実だな、と思えるようなコツを発見しては喜ぶ日々です。
そうして見つけた、私なりのコツを伝授したいと思います。

ぬか漬けの教科書

1つくる

ぬか・水・塩

ぬか床の原料は、たったこれだけです。
そこにくず野菜を加え、
適切な室温において発酵させることで、
乳酸菌などの微生物が育ち、
野菜をぬか漬けに変えてくれます。

糠《ぬか》
:10

ぬかには炒りぬか・生ぬかの2種があります。今回は手間いらずの炒りぬかを使用。生ぬかで、こだわり十分につくりたい場合はP12を参照。

私の提案するぬか床ですが、
はじめは水分を少なめにして、
堅めに仕込みます。
くず野菜を多めに用意して、
野菜の水分と旨味を吸わせながら、
じっくり乳酸発酵させるのがコツです。

塩の適量はぬかに対して10〜15%。今回は13%で設定します。塩は手頃な自然塩で十分ですが、こだわりたい人はお気に入りの塩を使ってもよいでしょう。

浄水器を通した水道水や市販のミネラルウォーターなどを。浄水器を使っていない場合は、沸騰させたのち冷まして塩素を抜きましょう。

ぬか床の仕込み方・基本編

ぬか床の育成にいちばん重要なのは「温度」です。発酵を促す温度は25℃が最適なので、気温が20～30℃ほどの時期に仕込むのが理想的ですが、室内の温度が低すぎたり高すぎる場合は、置き場所を考える必要があります（P53参照）。

はじめはぬか床自体を堅めにつくり、くず野菜を「捨て漬け」します。

ぬか床に水分や栄養分を移すとともに、野菜についている乳酸菌によって菌の活動を促します。

ここでは３〜４人分の分量でつくってみます。
ぬか１kg、水８００mℓ、塩１３０g＋くず野菜適量
ぬか床を仕込む２日ほど前から、くず野菜をためておきましょう。

1 大きなボウルにぬかと塩を入れ、水を注ぎます。
ボウルにあけると、ぬか1kgの体積が思いのほか多いことに驚くかもしれません。水を加えて容器に詰めると、おや？ というほど少なく感じます。

2 底からしっかりと全体をよく混ぜ合わせます。
ぬか、水、塩がきちんとまんべんなく混ざり合うように、ていねいに行いましょう。

市販のぬかの分量は、1袋あたり800g〜1kgが一般的。
800gのぬかの場合は、水・塩の分量を8掛けに。

③ ぬかの1/3量を容器に移し、くず野菜をのせます。

ぬかに含まれる乳酸菌の活動を促し、ぬか床を発酵させるためにくず野菜を漬ける「捨て漬け」をします。

▲くず野菜とは

キャベツの外葉や人参、大根、かぶの皮や葉、ヘタやしっぽなど。リンゴや柿の皮など無農薬の果物の皮を入れても。くず野菜の味もぬか床へ移るので、「くず」といっても、苦味の強すぎるものや鮮度の悪すぎるものは避けましょう。

④

残りのぬかをすべて入れたら、ぬかを拳で押すようにして空気を抜きます。

ぬか床が堅めなので、しっかり押し込んで野菜とぬか床の間に空気が残らないように。空気が残ると、カビの原因や、乳酸菌の発酵の妨げに。

⑤

容器の内側に指を押し当てながら、側面のぬかを押さえこみます（うまくいかないなら、湿らせたキッチンペーパーを使っても）。表面は手のひらで平らにならして、空気を抜きます。

指や手のひらもまた、立派な道具です。手のひら全体を使って、しっかり表面も固めます。中に空気を入れないことも乳酸菌の発酵には重要です。

⑥

2日ほど置いたら上下を返すように混ぜ、くず野菜をチェック。しなしなになっていたら取り出し、新しいくず野菜を加えます。

▼ 漬けたあとのくず野菜

くず野菜はしなしなになっていなければ、ぬか床に戻して構いません。混ぜる時は「上下を返すように」というのがポイント(P52参照)。

「捨て漬け」前(右)と、「捨て漬け」後(左)のぬか床。野菜の水分が移ってしっとりとしています。

⑦

毎日1回は必ず混ぜて、「捨て漬け」を3～4回繰り返します。ぬか床の香りが変わってきたら、菌が増えた証拠。野菜を漬ける「本漬け」に入れます。

夏場は1週間ほどでぬかの香りから酸っぱさを帯びた発酵臭に。捨て漬け野菜をかじって塩が強いだけなら発酵不足。捨て漬けを続けましょう。20℃以下では発酵が進みませんが、冬でも日中温かい環境ならば、うまく発酵してくれることも。室温が30℃を超えるような場合は過発酵してしまうので、真夏に仕込むのは避けましょう。

ぬか床の仕込み方・こだわり編

副材料がはじめから入るので、基本編のぬか床よりも仕上がりがやや堅めです。発酵までの時間も少し長くなるかもしれませんが、じっくりゆっくり熟成させましょう。生ぬかの半量を炒ることで、香ばしさを加えます。

●無農薬の新鮮な生ぬか 800g／水 640mℓ／塩 100g
※ぬか1袋800gに基づく分量。1kgの場合はP9参照。

●副材料：粉和辛子 40g／干し椎茸 2個／実山椒 20g
乾燥昆布 6cmほど／赤唐辛子 2本／大豆 80g

●くず野菜
適量（P10参考）

① 生ぬかの半量を炒ります。

弱めの中火にかけ、香ばしい香りがしてくるまでぬかを炒ります。非常に焦げやすいので火力に注意。もし焦げてしまったら、ぬか床が苦くなるので取り除きます。

② 大豆を炒ります。

水洗いしたのち、水気を切った大豆を中火にかけます。焦げないように注意しながら、皮に寄ったシワがなくなるまで炒ります。

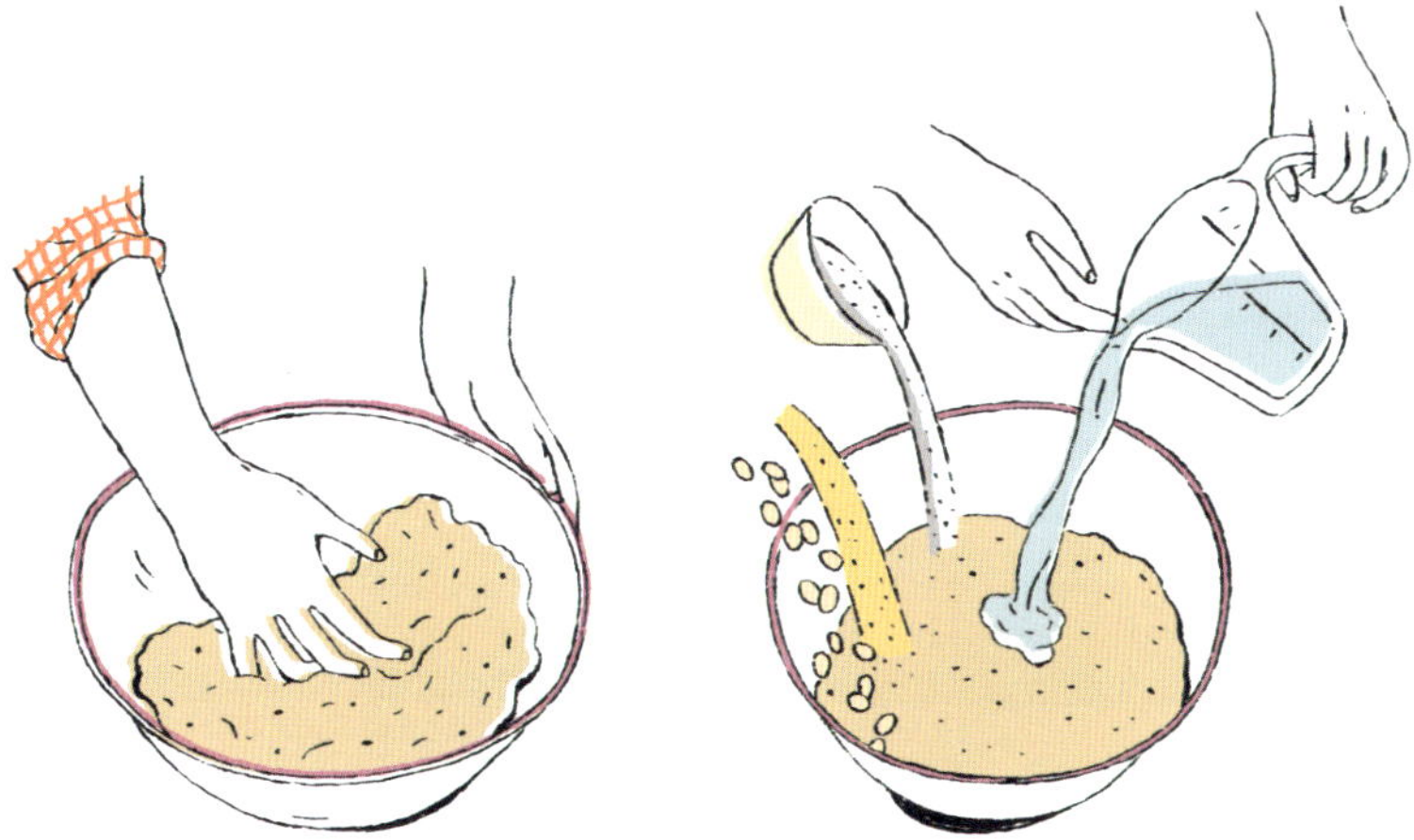

③ 大きなボウルに、ぬか、水、塩、粉和辛子、
②を入れ、全体をしっかり混ぜ合わせます。

④ 残りの副材料を加えて混ぜます。

⑤ ④を容器に移しながら、くず野菜を
交互に重ねて「捨て漬け」をします。
（P11工程⑥を参照）

⑥ 発酵したら、完成。
発酵臭がしてきたら、「本漬け」に入
ります（P11工程⑦を参照）。

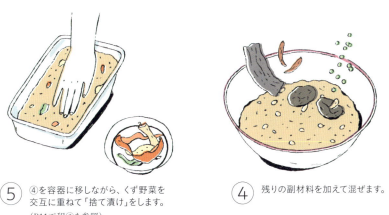

ぬかの話

ぬかは、玄米から白米を精製する時に出る
胚芽と種皮とが混ざった粉のこと。
油分や栄養価が高く、
疲労回復に効果のあるビタミンB_1を中心に、
たんぱく質の生成に役立つビタミンB_6、
抗酸化作用の高いビタミンE、
ミネラルを多く含み、コレステロールの吸収を抑える
γ-オリザノールも含まれています。
ぬか床が一般的になったのは、
白米の生産が盛んになった江戸時代のこと。
当時はビタミンB_1の不足による脚気《かっけ》が蔓延しており、
その効能のためぬか床が
広くつくられるようになったということです。

生ぬか

炒りぬか

発酵ぬか

ぬか床をつくるにあたり、
入手できるぬかにはいくつか種類があります。

まず、生ぬか。
精米したあとの何も手を加えないぬかのことで、
主にお米屋さんなどで手に入ります。
加熱処理などを施していないので、
乳酸菌が豊富な分、
保存性に関しては注意を払う必要があります（P60参照）。

炒りぬかは文字通りぬかを加熱処理したもので、
生ぬかに比べると火を通している分、
保存性にすぐれています。
一般的に流通しているもので、
スーパーなどで手に入れやすいのも特徴です。

発酵ぬかはP20でも紹介しますが、
すでに発酵をさせたぬかになります。

ぬか床は野菜を直接漬け込むため、
こだわりたい人には無農薬のぬかをおすすめしています。

ぬか床容器の選び方

深さのある
ホーロー容器。

昔からの定番、甕《かめ》。

ガラス製。
中が見え、管理しやすい。
こうした形状も手が深く
入るので便利。

手頃な大きさの
ホーロー容器。

ポイントは、素材・大きさ・蓋

いちばんのおすすめは、深さのあるホーロー容器です。次いで、陶器、ガラス、プラスチック、ジッパー付き保存袋といったところでしょうか。ぬか床には塩分や酸が多く含まれているので、錆びたり腐食する可能性がある金属製の容器は、使用しません。

ぬか床には酸素を取り入れ、呼吸できる環境が必要なので、いずれの容器も蓋は密閉せずに、のせる程度にすることが重要です。また、容器いっぱいにぬか床を入れると、かき混ぜる時にぬかがこぼれてしまいます。ささいなことですが、かき混ぜるたびにぬかがこぼれると、モチベーションが下がる原因にも。足しぬか（P48）をしてぬか床が増えていくことを考えても、最初は野菜を入れない状態で容器の半分ほどの量を目安にするとよいでしょう。

1人用／ジッパー付き保存袋

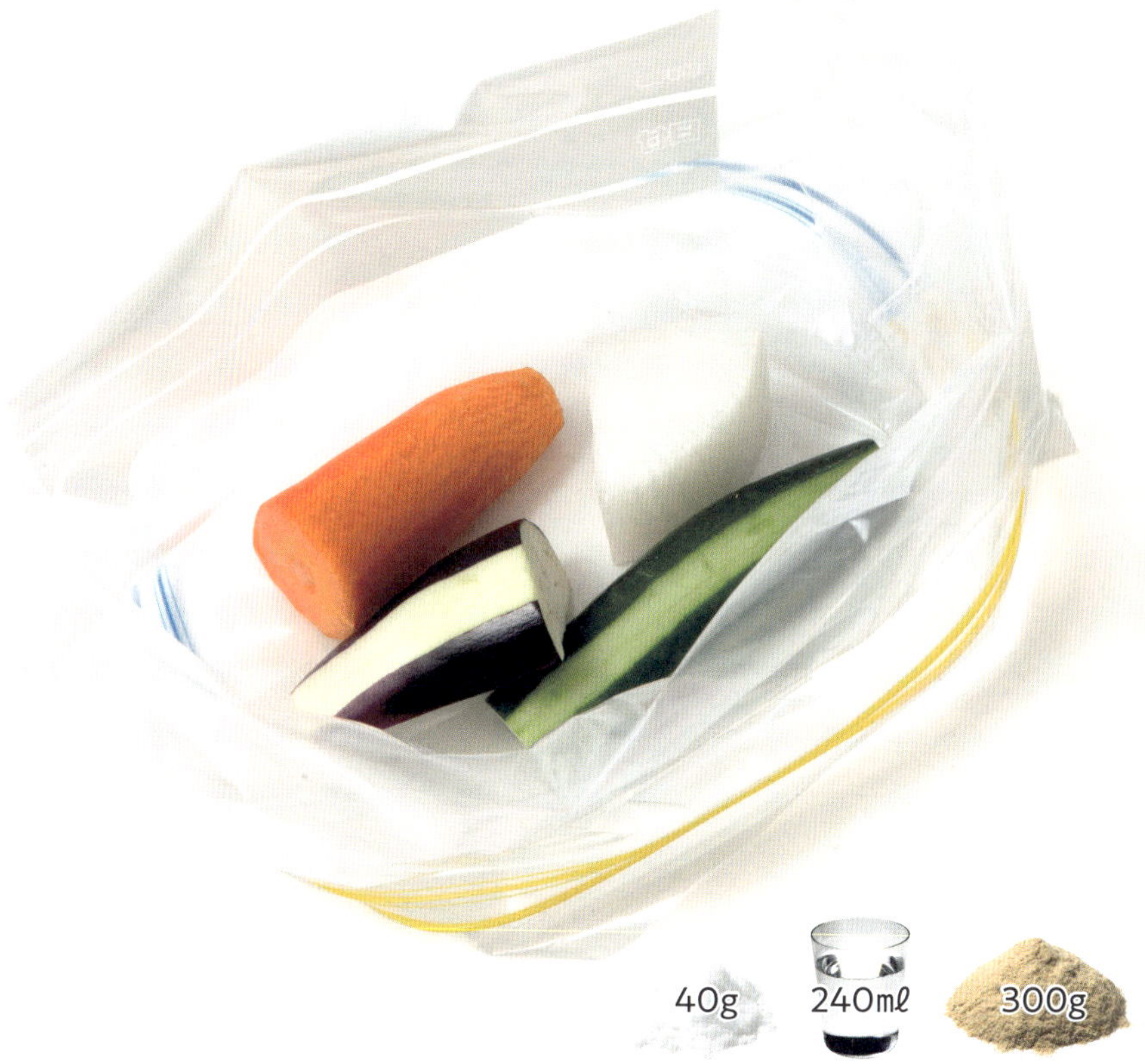

少ない量でまずはスタート

1人用の容器としては、ジッパー付き保存袋が便利です。ぬか床自体の量が少ないので、ボックス状だとうまく野菜を埋め込めない可能性があります。足しぬかをして、ぬか床の量が増えてきたところで、大きめの容器に移しましょう。

口は完全にぴったり閉めず、少し開けるか、サイドに小さな切り込みを入れて空気穴をつくり、適度に酸素を入れましょう。

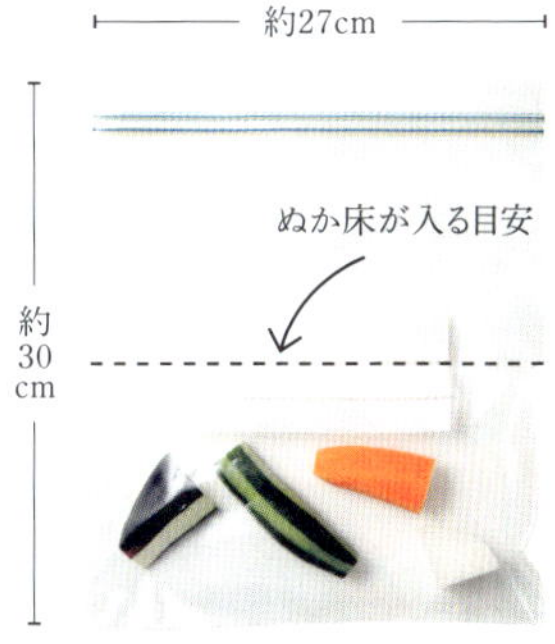

袋の大きさ=Lサイズ

2人用／プラスチック容器

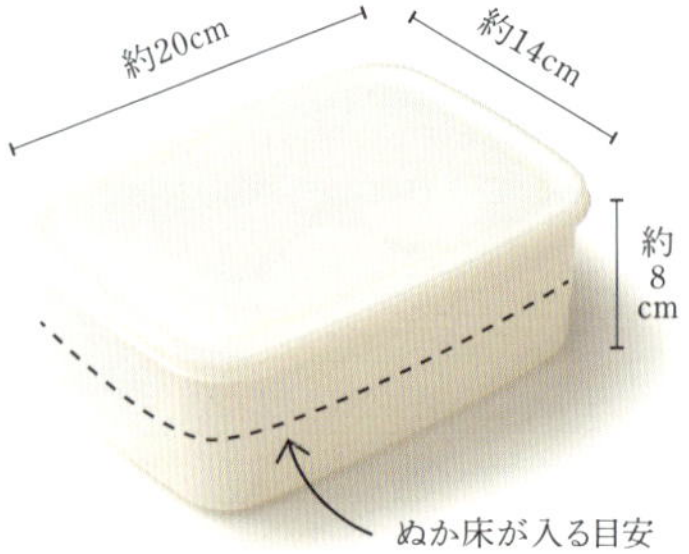

容器の目安＝約2ℓ

コンパクトなサイズで気軽に

2人用からはじめる場合には、プラスチック容器をおすすめします。必ず食品用で耐久性のあるものを選んでください。プラスチック容器は、蓋が密閉されてしまうものが多いので、ぴったりと閉めないよう注意が必要です。長く続けられそうであれば、ホーロー容器に変えるとよいでしょう。

3〜4人用／ホーロー容器

専用容器が便利でおすすめ

3〜4人分を仕込むならば、ぜひともホーロー容器を用意しましょう。3ℓほどの容器は少し大きく感じるかもしれませんが、使いやすさは抜群です。口が広く浅いタイプのものもあります。好みで選ぶとよいでしょう。ぬか床専用の容器を選べば、蓋がぴったり閉まらない設計になっているので便利です。

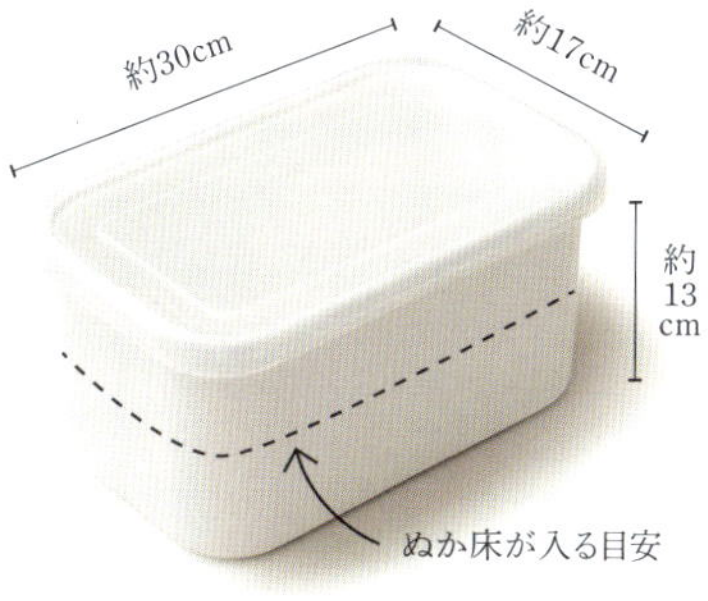

容器の目安＝約3ℓ

発酵ぬか床のススメ

もっと手軽にはじめたい人に

「ぬか漬けははじめてみたいけど、やっぱり育てる自信がないなぁ……すぐに食べたいし」という方もいらっしゃるかもしれません。そんな時は思い切って市販の「発酵ぬか床」を手に入れてみるのもよいでしょう。「発酵ぬか床」はその名の通りすでに発酵しているので、買ったその日からぬか漬けをつくることができます。

　ただ、市販品にもさまざまな種類があり、なかには不必要な添加物が入っているものもあるようです。そもそもぬか床自体が保存食であり、旨味の宝庫であるわけです。そこに、保存料や添加物が入っているとは、これ如何《いか》に。保存料を入れなければいけないようなぬか床は、もはやぬか床ではなく、ぬか床風味の何か違うもののようにさえ思います。

　添加物入りのぬか床自体を舐めてみたことがありますが、舌に広がる違和感にドキッとさせられました。きちんと原材料を見て、人工的なものが入っていないものを選びましょう。そして、ゆくゆくは自分好みのぬか床になるよう、育ててください。

3日で完成 ぬか床づくりの裏ワザ

ぬか床づくりにいちばん重要なのは、発酵させるための温度だ！　ということに気づいたのは、ヨーグルトメーカーでぬか床を試作していた時のこと。

とあるヨーグルトメーカーの依頼で付属のレシピブックづくりに取り組んでいた折、「温度をキープできる特性を活かしてできる、何か面白いものはないでしょうか？」という問いに、「ぬか床とかできそうかなぁ……」なんて言ってはみたものの、本当につくることになるとは思いもよらず、自分でも半信半疑で試作を開始したのです。結果、驚いたことに、とても芳しい香りのぬか床ができあがったのです。しかも、本来なら1〜2週間かかるところが、3日で！　菌って、律儀だなぁ、とさえ思いました。きちんと条件を与えてあげれば、しっかり応えてくれるんですね。

このつくり方ならば、季節を問わず、安定したぬか床が手軽につくれます。

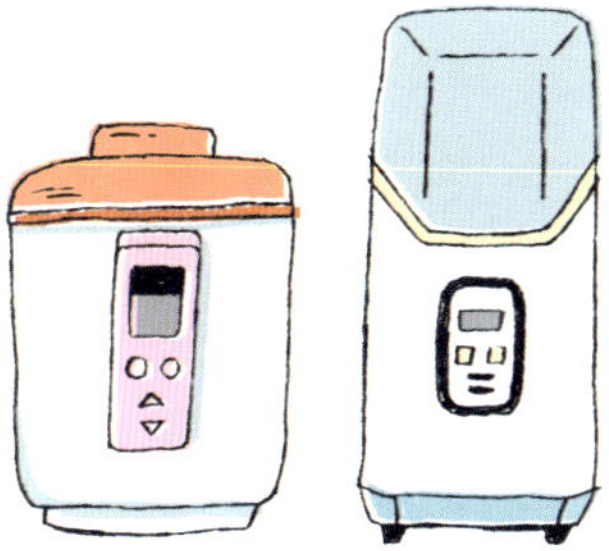

ぬか床の仕込み方・ヨーグルトメーカー編

ヨーグルトメーカーは容器の大きさが決まっているので、つくれるのは約１人分。まずこの少量のぬか床をもとにして、増やしていくというのも手です。

材料：ぬか 300g／水 240mℓ／塩 40g／くず野菜 1回につき50gを2〜3回分

① ボウルにぬか、水、塩を入れてよく混ぜ合わせたら、くず野菜を入れて混ぜる。ジッパー付き保存袋に空気を抜くように詰め、口を1/3ほど残して閉める。

② 25℃にセットしたヨーグルトメーカーで発酵させる。8〜12時間に１回は取り出してボウルに開けてかき混ぜ、また同じように戻す。くず野菜がしなびていたら取り替える。この間、ヨーグルトメーカーは電源を切らず稼働させておく。

③ 2〜3日でぬか床らしい香りになる。別の容器に移し替えても、このままジッパー付き保存袋のまま「本漬け」に入っても。

為せば成る　為さねば成らぬ　ぬか床も

ぬか床を成し遂げようとする意志があれば、美味しいぬか漬けが食べられる。まず行動し、諦めず、美味しいぬか漬けを食べるんだ！　という、強い意志をもって挑めば、結果はあとからついてくる。

かくいう私ですが、かつてぬか床づくりに挫折した経験があります。はじめて挑戦したのは、20代も終わろうとしていた頃。当時はまだ一人暮らしで、ぬか漬けがたいして好きだったわけでもなく、ほんの興味本位ではじめました。野菜を漬けてもいないぬか床を〝毎日〟せっせとかきまわし、漬ける野菜はきゅうりばかり。ぬか床はあっという間に苦くなり、ダメになってしまいました。今なら、昔の私にアドバイスしてあげたい。無闇にかきまわすだけでは、よいぬか床にはなりませんよ。同じ野菜ばかり漬けていても、よい味になってくれませんよ……と。

このように、ぬか床をダメにしてしまった経験をおもちの方も少なくないでしょう。ぬか床をはじめてみたいけど敷居が高そうだし、続けられるか自信がないなぁ……という方もいらっしゃるでしょう。けれども、菌が育ってしまえば、実はそれほど手のかかるものでもないのです。かえって一生懸命になりすぎたことでダメにしてしまうこともあるくらい。万が一失敗してしまっても、またつくり直せばいいのです。

我が家のぬか床は、夏場に常温で1週間ほど放置しても、案外大丈夫です（あまり、おすすめできませんが……）。ぬか床を育てて早8年。その間、試行錯誤し、失敗しにくいコツやぬか床との付き合い方を体感してきました。どうやら、昔から言い続けられているやり方も、現代の住環境では当てはまらないこともあるようです。ぬか床は、その人、その家ごとに個性豊かな育ち方をします。マンション、一軒家、寒い地域や暑い地域、また、家の中のどこに置くかによっても環境は変わってきます。「我が家の塩梅《あんばい》」を見つけることが、ぬか床づくり成功への道のような気がしています。

2 漬ける

ぬか床ができあがったら、
さっそく野菜を漬けてみましょう。
季節の野菜のほか、
肉や魚も漬けることができます。

ぬか床には漬け込んだ
素材の特徴が移っていきます。
水分量が多い、苦味があるなど、

野菜の特徴をつかむと、
ぬか床が扱いやすくなります。
自分好みのぬか漬けをつくるためには、
いくつかのコツがあります。
この章では、
基本的な下ごしらえの仕方をお伝えします。

下ごしらえの基本

朝（夜）漬け込んで、夜（朝）食べるために。どのくらいの時間漬け込むことになるのか、素材の特徴を考えて下ごしらえをしましょう。下ごしらえをする目的は、主に二つです。

・野菜に含まれるアクを少なくすること。

アクは、ぬか床に「苦味」として移ってしまうので、少しでも減らしておきたいものです。ぬか床が苦くなると、漬ける野菜ももれなく苦くなってしまいます。

・漬け上がりの時間を調整すること。

一度にさまざまな野菜を漬け込み、それらが同じ塩梅《あんばい》で漬かりあがるために、下ごしらえが役立ちます。

塩をする

塩をうっすら全体にまぶし、軽くすり合わせます。

● アクを減らすため

出てきた水分にアクが含まれるので、軽く拭き取ってから漬けましょう。

● 漬ける時間の調整のため

漬かりにくい野菜に前もって塩をすることで、漬かる時間を短くできます。

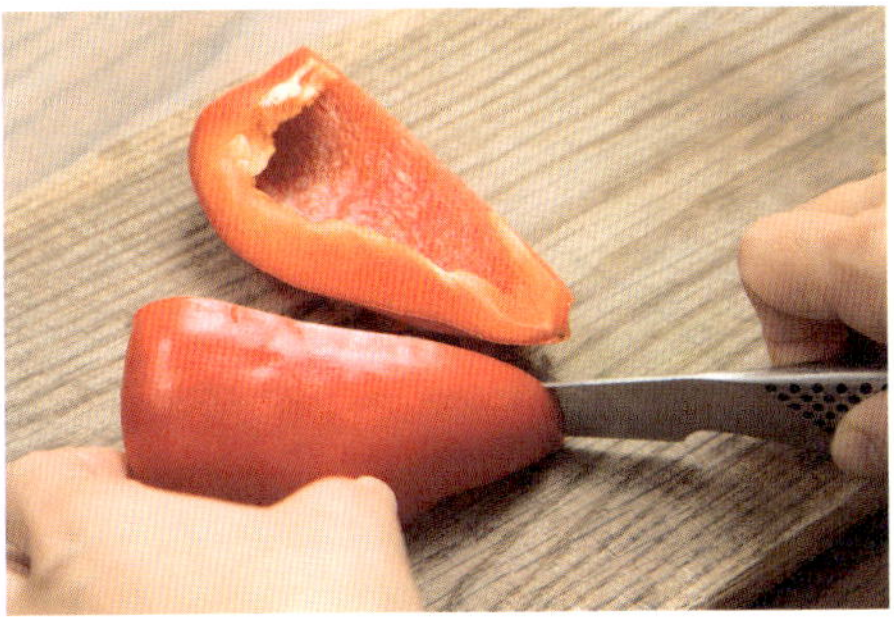

切る

● **漬ける時間の調整のため**

丸ごと漬けるには大きすぎるもの、皮で覆われていて漬かりにくいものなどは、適当な大きさに切って漬けます。切る大きさによっても漬かる時間の調整ができます。

皮を剥く

皮を剥くか、剥かないかは、
好みによるところが大きいですが、私は剥く派です。
無農薬野菜を食べている方や皮の食感が好きな方もいると思います。
自分の好みで決めてください。

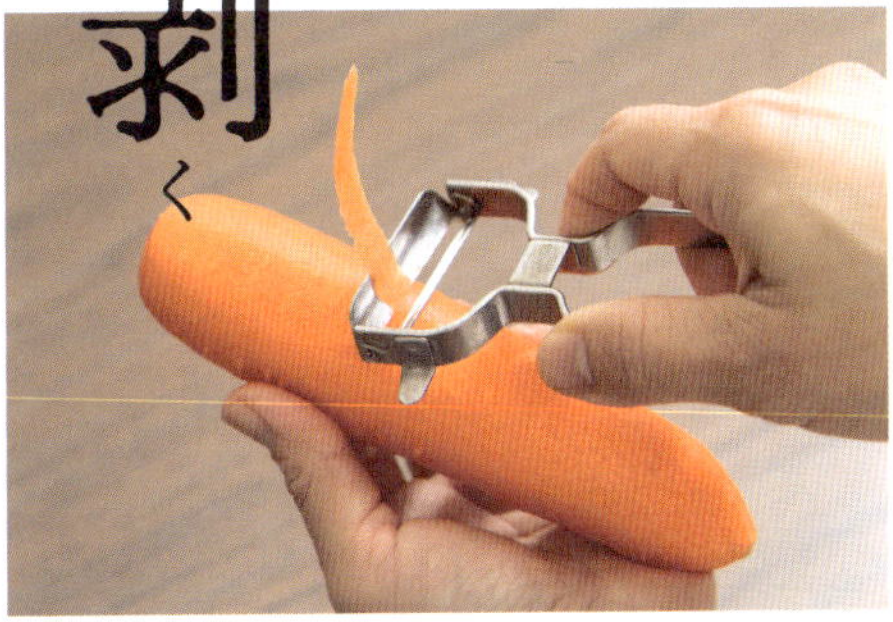

● **漬ける時間の調整のため**

全体を剥いたり、一部分を剥いたり、やり方はさまざまですが、漬かる時間を調整できます。

● **アクを減らすため**

部分的に皮を剥くことで、アクを減らす効果があります。

● **色よく仕上げるため**

全体の皮を剥きます。皮をつけたまま漬けると表面が黒ずんでしまう野菜もあります。

茹でる(蒸す)

生では食べられない根菜類や、
火を通したほうが美味しい野菜に。

● **アクを減らすため**

火を通しすぎず、堅めに仕上げるのがポイントです。

一度に美味しく漬けるために

野菜の皮の剥き具合や切り方、
塩をするなどで、漬かる時間を調整してください。
各家庭の環境やぬか床の塩分濃度によっても、
漬かる時間は大きく変わってきます。
少しずつ試しながら、自分好みのやり方を見つけてください。

野菜によって漬け上がりの時間は変わりますが、この本では、
あえて野菜別に漬け込み時間を示していません。
現代の生活では、漬け上がりの時間を逆算して
それぞれの野菜を漬け込めるような
生活スタイルの方は、あまりいないように思うからです。
代わりに目安を提示しますので、参考にしてください。

我が家では、漬ける時間は夏も冬も6～10時間ほど。
冷蔵庫で漬けると倍くらいの時間がかかると考えればよいでしょう。
季節に合わせて野菜の切り方を変えたり、塩をしたりしています。
基本的には、形が小さいほど漬かりやすく、大きいほど漬かりにくくなるので、
寒い時期や早く漬けたい場合は小さめに切るとよいでしょう。

← 次ページからの凡例

漬け上がり見本

野菜名

目安（★）の見方
アク　★少ない ～ ★★★多い
水分　★出にくい ～ ★★★出やすい
時間　★早く漬かる（約6時間）～ ★★★遅く漬かる（約10時間）

アクや水分の出具合など、野菜の特徴を知っておくと、ぬか床の状態を良好に保つ上で役立ちます。数種類の野菜をいっしょに漬け込む場合、漬かる時間が早い小さめのものを基準として下ごしらえすると、同じタイミングで漬け上がります。

漬けやすい日々の野菜

まずは、日々の食卓にのぼることが多い野菜から。特別な下ごしらえもいらず、漬けやすいものを紹介します。

きゅうり　アク★★　水分★★　時間★☆

アクのない野菜のように見えて、緑の濃い部分にはアクが含まれます。頭の部分をピーラーなどで3～4カ所剥き、両端を切り落とします。皮を剥きすぎると、漬かりすぎてしまうこともあるのでほどほどに。きゅうりばかりを漬けていると、ぬか床が苦くなるので注意しましょう。

茄子 アク★★ 水分★★ 時間★★★

丸ごとだと漬かりにくいので、ヘタを落とし4カ所ほど皮を剥きます。太さによっては縦半分に切ります。塩をすり込むことで、アクを出すとともに色止めにもなります。鉄分やミョウバンを使用して色よく仕上げるやり方もありますが、家庭で食べる程度なら気にしなくてもよいでしょう。ぬか床に適度な塩分濃度があれば、そこまで悪い色にはなりません。ただ、切ったあとはどんどん色が悪くなるので、茄子はぬか床から出したらすぐ食べる、がおすすめです。

人参 **アク⯨ 水分⯨ 時間★★**

人参はぬか漬けにすると、甘く感じる野菜の一つです。

漬け上がりの色が悪くなるので、皮を剥きます。皮は好みで剥かなくてもよいですが、その分、漬かる時間も長くなります。また、頭と先端の太さが大きく違うものもあるので、写真のように3分割するとよいでしょう。

キャベツ　アク ★　水分 ★★★　時間 ★★

キャベツもぬか漬けにすると、甘く感じる野菜です。
葉がふわっと巻かれたキャベツは、大きさによって4〜8つ割りほどにするのがよいですが、ぎゅうぎゅうに詰まったキャベツは、剥がして1枚ずつ漬けましょう。芯の部分は漬かりにくいので、切り離して葉と芯それぞれ漬けるとよいでしょう。

かぶ　アク★　水分★★　時間★★½

葉を根元から切り落とし、大きいものは半割りに。厚みのある中心部の皮をひと筋剥くと漬かりやすくなります。剥いた皮も漬け込んで食べられます。食べる時は縦に切って根元と中心部両方を入れると、漬かり具合のバランスがとれます。葉も漬けられますが、水分が出やすく、塩をして水分を絞って漬けるとよいでしょう。

大根 アク★ 水分★★★ 時間★★

厚めに皮を剥き、大きさに応じて2〜4つ割りにします。剥いた皮も漬け込んで食べられます。皮は好みで剥かなくてもよいですが、その分、漬かる時間も長くなります。大根は独特の香りがあるので、漬けすぎるとぬか床が大根くさくなることも。また水分が多いので、大根をたくさん漬けるとぬか床がゆるくなります。

漬けると美味しい西洋野菜

西洋野菜もぬか床との相性がよく、
食べ慣れた味とはまた違った魅力を引き出します。

パプリカ

アク ★　水分 ★　時間 ★★

2つ割りにしてヘタと種を除き、漬ける分だけ切り分けます。甘みが引き立つ上、色褪せないので、彩りよく漬かります。

ズッキーニ

アク ★★　水分 ★★　時間 ★★

緑の部分に若干のアクがあることと、漬かりにくい野菜であるので、4カ所ほど皮を剥くとよいでしょう。太い場合には、縦に2つ割りにしても。

セロリ

アク ★　水分 ★★　時間 ★★

漬ける時の注意点は特になく、切って漬けるだけの手軽さです。食べる時は、繊維を断ち切るように切ると筋も気になりません。

カリフラワー

アク ⯪　水分 ⯪　時間 ★

小房に分けてさっと茹でたものを、冷ましてから漬けます。そのまま食べるのもよいですが、料理に活用すると幅の広がる野菜です。

ブロッコリー

アク ⯪　水分 ⯪　時間 ★★（茎の場合）

ブロッコリーのぬか漬けは、茎がまずおすすめです。茎は皮を筋のある部分まで剥いてさっと茹でたものを、冷ましてから漬けます。

下茹でが必要な根菜類

根菜類のなかでも、下茹でや蒸したりしたほうがよいものを紹介します。ほかの料理をする際に、いっしょに茹でたり蒸しておくと楽。

れんこん

アク ★　水分 ★　時間 ★★

皮を剥いて2～4つ割りにして堅めに火を通し、冷ましてから漬けます。縦に埋めるように漬けると穴の中にもぬかが入り、早く漬かります。

ごぼう

アク ★★★　水分 ★　時間 ★★

アクが抜けにくいので、竹串がすっと通るくらい茹でたものを冷ましてから漬けます。山ごぼうのお漬物のような味わいになります。

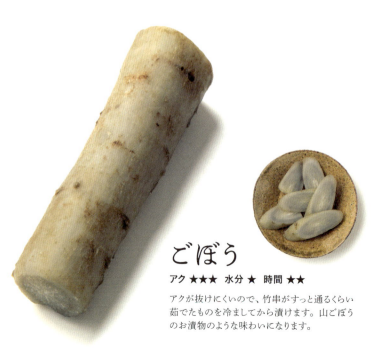

さつまいも

アク ★★　水分 ★　時間 ★★

適当な大きさに切ったら、3〜4カ所皮を剥き、竹串が堅めに刺さるくらいに火を通し、冷ましてから漬けます。皮の部分はアクが含まれるので、少し剥きます。甘みと酸味と塩気のバランスが美味。

じゃがいも

アク ★　水分 ⯪　時間 ★★

皮を剥いて2〜4つ割りにして竹串が堅めに刺さるくらいに火を通し、冷ましてから漬けます。皮は、好みで剥かなくてもよいでしょう。

ひと工夫いるおすすめ野菜

粘りやぬめりがあったり、やわらかいものは、扱いを別にしましょう。ただ、わざわざ保存袋などに取り分ける必要はありません。ぬかでまわりを包み、ぬか床の上に置くようにして漬けます。

アボカド

アク ★ 水分 ★ 時間 ★★

2つ割りにして種を取り、皮を除きます。下写真②のようにやさしくぬかで包んでぬか床の上に置きます。ねっとりした食感に、塩気・爽やかな酸味が加わり美味。熟しすぎたものは崩れやすいので不向きです。

② ぬか床の上にそっと置きます。

① まわりをぬかでやさしく包み込みます。

③ つぶれないようにそっとぬかをはずします。
使ったぬかは、またぬか床に戻せます。

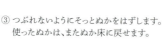

オクラ

アク ★ 水分 ⯪ 時間 ★

さっと茹でて、冷ましてから漬けます。ガクの部分はぬめりが出るので、漬けたあとに剥きます。やさしくぬかで包んでぬか床の上に置きます。

里芋

アク ★ 水分 ⯪ 時間 ★★

皮付きのまま堅めに火を通し皮を剥いて、冷ましてから漬けます。ぬめりがぬか床に移らないように、やさしくぬかで包んでぬか床の上に置きます。

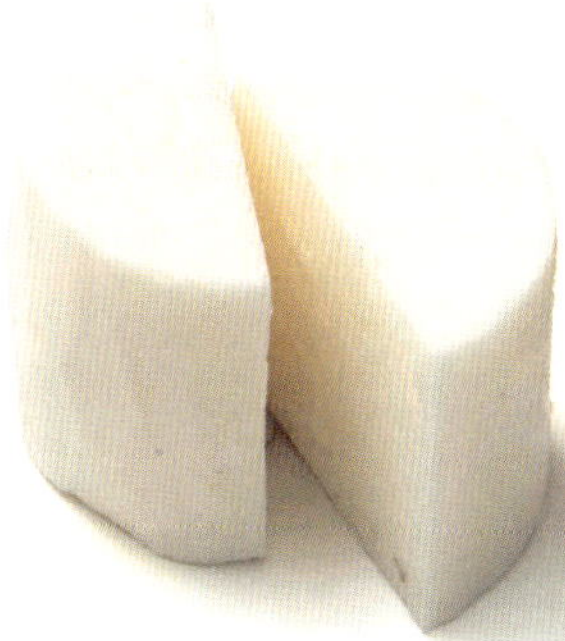

山芋

アク ★⯪ 水分 ★★ 時間 ★★

皮を剥いて、太いものは2つ割りにして漬けます。皮は好みで剥かなくてもよいですが、その場合、ヒゲ根は落としてください。やさしくぬかで包んでぬか床の上に置きます。ぬめりに敏感な方は取り扱いに注意してください。

ぬかを取り分けて漬ける肉・魚

足しぬか（P48参照）をしてぬかが増えすぎたら、ぬか床から取り分けて肉や魚を漬けるのもおすすめです。ぬか漬けにすることで、えも言われぬ旨味が引き出されます。どちらも漬ける時間は、冷蔵庫でひと晩、または、朝から夜まで。漬けすぎると、水分が抜けすぎて肉質がパサつくのと、非常にしょっぱくなってしまうので、注意してください。
（取りわけたぬか床の扱いについてはP61参照）

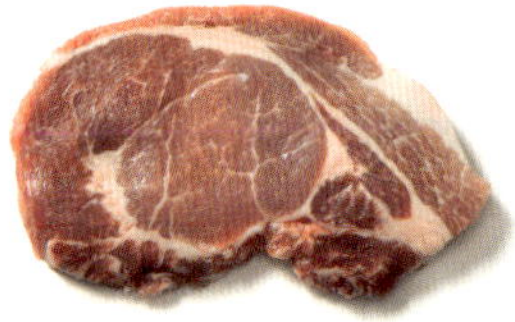

漬ける前（豚肉 肩ロース）

▼

ラップで覆って漬ける

▼

漬け終わった状態

漬ける前と比べると色が変わっていることがわかります。使ったぬかも、独特のにおいがするように。

焼く

▼

豚のぬか漬け焼き

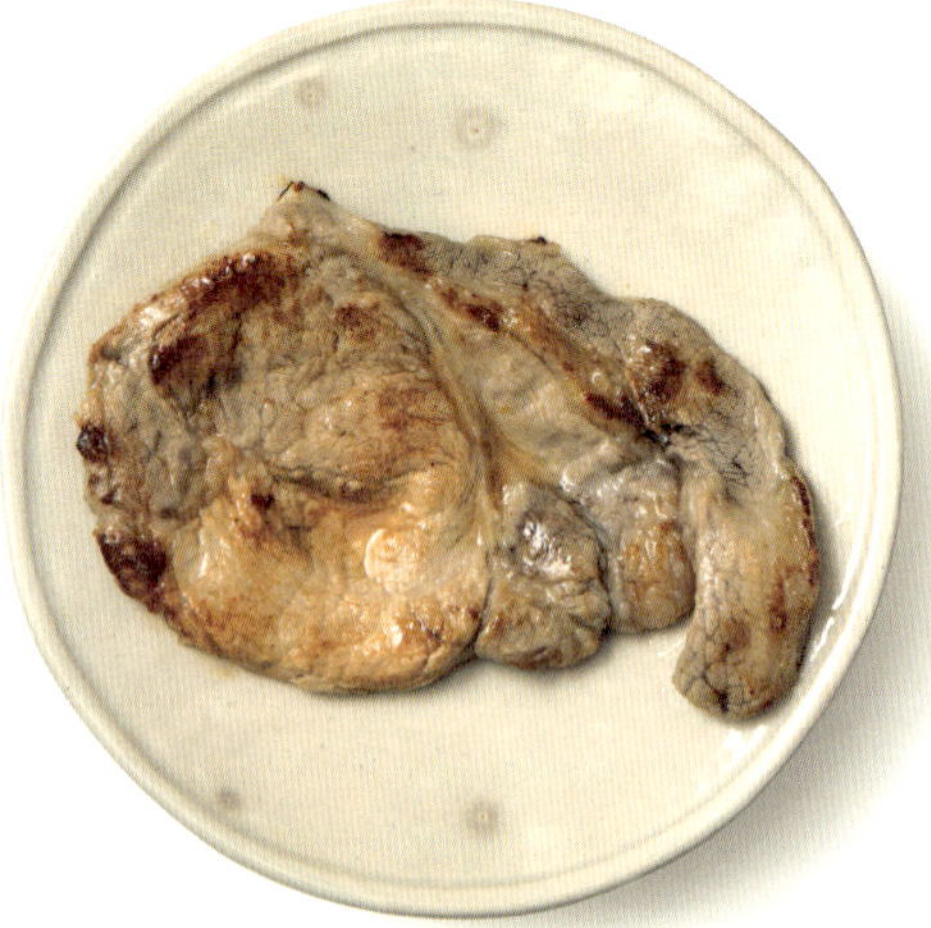

肉　漬かる目安 ➡ 約半日〜1日

肉のまわりをぬか床で覆って、ラップなどでぴったりと密閉し、保存袋に入れて冷蔵庫へ。あるいは、ホーロー容器などで漬けても。肉についたぬかは洗い流し、水分を拭き取ってから調理します。肉を焼く時にいっしょに野菜も焼くと、ぬか漬けの旨味を含んだ肉汁が絡んで美味。牛・豚・鶏・内臓系の肉、どれも美味しくなりますが、霜降りや脂の多すぎる肉よりも、淡泊な肉のほうがぬか漬けには合う印象です。調理の方法も焼く・蒸す・茹でる、いろいろ試してみてください。茹でると湯に、ほんのり酸味がついて美味しいスープになるので、活用するのを忘れずに。

漬ける前（生魚）

▼

腹にぬかを詰め、イワシ全体がぬか床で覆われるように漬ける

▼

漬け終わった状態

張りがなくなり、水分が抜けていることがわかります。

焼く

▼

イワシのぬか漬け焼き

魚　漬かる目安 ➡ 約半日～1日

魚は、頭と内臓を取り除き、腹にぬかを詰め、全体をぬか床で覆って冷蔵庫へ。こちらも肉同様、ラップで包んで漬けてもよいでしょう。魚についたぬかは洗い流し、水分を拭き取ってから調理します。秋刀魚や、鯖の切り身など、青魚のぬか漬けは鉄板ですが、そのほかの魚介類もいろいろ試してみてください。刺身を漬け込む場合、サクを使い新鮮なものを。加熱用の魚のぬか床とは分けて、漬ける時間も短くしてください。

3 育てる

ベースのぬか床が発酵してきたら、
今度は自分好みに育てましょう。

ぬかを補充するタイミング、
水分量の調整、
旨味を加える副材料の追加……

美味しいぬか漬けをつくるために
できることは、たくさんあります。

そうこうしているうちに、
我が家だけのぬか床に育ってくるのです。
我が子の如く、可愛がってあげましょう。

水分量と塩分量を調整する

水分調整のメソッド

ぬか床に水が浮いてきたら…

このようにぬか床の表面に水がにじんできたら、足しぬかをしましょう。塩入りの足しぬか(P48参照)を加えれば、塩分も補充できます。ぬか床をひとつまみ食べて塩気が足りているなら、ぬかのみ足します。

① 足しぬか

ぬか床の状態を保つために、重要な役割を果たします。

② 副材料

旨味や香りをつけます。水分調整できるものも。

↓

ぬかが増えすぎたらP42～43のように取り分けて肉・魚用に。

③ 水を捨てる

水分はなるべく捨てずに育てたいですが、毎日漬ける方は足しぬかでは間に合わないことも。そんな時は、キッチンペーパーなどで吸い取りましょう。 ぬか床専用の水取り器があれば、それを使っても。

ぬか床は堅めに保つのがコツ

さて、ここからはぬか床も次のステージです。本漬けに入って何度か漬けるうちに、ぬか漬けの味わいも、それらしくなってきたことでしょう。「いいぬか床に育ってきたなぁ……」としみじみしているところかもしれません。

しかしながら、ここでメンテナンスを怠ると、ぬか床はあっという間によからぬ方向へいってしまいます。まずは、ぬか床の状態をよく観察してみましょう。

- 表面に水が浮いていませんか?
- ぬか床自体を少量食べてみて、塩分が薄い感じがしませんか?
(ぬか床自体は多少しょっぱいくらいがちょうどよい状態です)
- 怪しげなにおいがしていませんか?

ぬか床に水が浮く状態というのは、それだけ使用しているということ。水

水分量が適切なぬか床は、このくらいの状態。水分量の調整には、足しぬかと副材料の追加、二つの方法があります。副材料は吸水だけでなく、旨味を足す目的も。写真は陳皮(みかんの皮)と山椒。

が浮いた頃には、塩分も薄くなってきている可能性もあります。ぬか床は使い続けるうちに、野菜から出た水分でいっぱいになります。それと同時に塩分が野菜に移っていくので、ぬか床自体の塩分は、使えば使うほど薄くなり、このバランスが悪くなると、ぬか床に住む菌たちも本来の仕事を放棄して、暴走することとなるのです。

水分が多いと雑菌が繁殖しやすくなったり、酸素不足により乳酸菌が過発酵してしまうのですが、ぬか床に浮いた水は「旨味のもと」でもあります。取り除かずに、足しぬかや副材料で、やや堅めの状態に保つことでトラブルを少なくすることができます。

そういったわけで「水分量と塩分濃度の調整」が重要なのです。ぬか床自体を食べてみて塩分が薄い場合、塩を加えた足しぬかを。塩分がまだ充分残っているならぬかのみ、または吸水効果のある副材料を加えましょう。

足しぬかと副材料

もっとぬか床が楽しくなる

　足しぬかは塩をブレンドしたものを用意しておくと便利です。保存の効く、炒りぬかを使用します。ぬかの10％ほどの塩を加えてよく混ぜて、ジッパー付き保存袋に入れて冷蔵庫で保存します。

　私は、米ぬか・塩・米麹・唐辛子がブレンドされた、市販の足しぬかを使用しています。これがなかなかよい味に導いてくれるのです。案外、米麹がよい仕事をしてくれているのかもしれません。

　副材料は、家庭ごとのぬか床を育てるのに欠かせません。乾物を使うことが多く、水分を吸収しながら、旨味や風味をもたらしてくれる影の役者です。

　次ページでは我が家のぬか床に入れている、植物性の副材料を紹介しています。

　動物性の副材料としては、鰹節や煮干し、スルメに干しエビなどがあり、塩鮭の頭や皮を加えるという話も聞いたことがあります。また、にんにくや生姜を入れて風味をつける方もいらっしゃるようです。いろいろ試して、自分好みにカスタマイズしてみるとよいでしょう。

　ちなみになぜ、動物性の副材料を加えないのか？　それは、単なるこだわりです……。もしかしたら、この先気まぐれに変えるかもしれません。そんなことができるのも、マイぬか床の面白いところです。

足しぬか（左）をする時に、「ぬかみそからし（P51）」（右）も、よくいっしょに加えます。水分を吸収するほか、pHを調整する役割が。

基本の副材料

いずれの副材料も、素材の香りが薄くなったな、と感じたら加えるとよいでしょう。
吸水効果のある副材料に関しては、足しぬかをするほどではないけれど、
ぬか床に水がにじんでいる時などに加えるのもよいでしょう。
さまざまな食材が使われますが、
ここでは手に入りやすい基本的なものを紹介します。

昆布

○ 吸水効果・あり　○ 加える量・10cmほど

昆布の旨味は言わずもがな。
グルタミン酸が豊富でミネラルの増加も期待できます。

大豆

○ 吸水効果・あり
○ 加える量・軽くひとつかみほど

吸水効果の大きい素材。
大豆は必ず炒ったものを使用。
きな粉を加えても。

実山椒

○ 吸水効果・なし
○ 加える量・軽く半つかみほど

実山椒の香りは格別。5～6月に出まわるので、小分けにして冷凍保存しましょう（枝からはずした実をさっと茹でたのち、10分ほど水にさらして、軽くアクを除きます）。生がない場合、乾燥山椒を少々入れても。

陳皮

○ **吸水効果・少しあり**
○ **加える量・ふたつまみ**

みかんの果皮を干したもので、爽やかな香りづけに。柚子の皮や、リンゴや柿の皮を干したものを入れても。

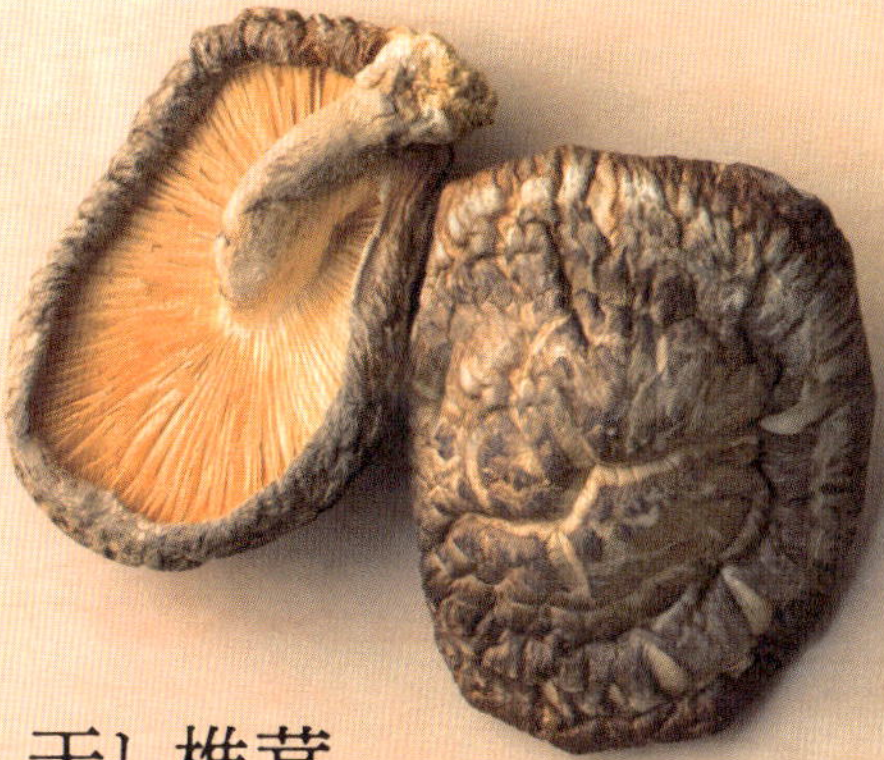

赤唐辛子

○ **吸水効果・なし**　○ **加える量・1〜2本**

辛味ををもたらし、防腐効果も期待できます。辛味が効くので苦手な方は控えめに。

干し椎茸

○ **吸水効果・あり**　○ **加える量・1〜2個**

旨味を加えるのに効果的。入れたままでもよいですが、1〜2日漬けて戻ったものを、生椎茸と同様に料理に使用すると味に深みが出ます。

ぬかみそからし

○ **吸水効果・少しあり**
○ **加える量・軽くひとつかみほど**

粉辛子をベースに、卵殻・陳皮・唐辛子・山椒などが入った市販品。メーカーによってブレンドが違うので、好みのものを見つけるとよいでしょう。防腐効果に加え、辛味と香りをもたらします。卵殻はカルシウムにより、酸性に傾き酸っぱくなったぬか床のpHを調整し、酸味を整える働きがあります。一度にたくさん入れすぎるとぬか床が辛くなってしまうので注意。

※示している分量は、3〜4人分のぬか床に対して。
1〜2人用の場合は半分以下にするなど、適宜加減を。

菌と温度の管理をする

むやみやたらにかきまわさず、上下を入れ替えるようなイメージで。
底のほうからしっかり混ぜ返します。

ぬか床には多様な菌が棲んでおり、その中で大きくかかわってくるのが「乳酸菌」「産膜酵母」「酪酸菌」の3種類です。ぬか床独特の風味をつくるのにいちばん重要な菌が「乳酸菌」で、この菌をうまく増やしたり、抑制したりしながら育てるのがコツです。

乳酸菌は酸素があまり好きではない、ぬか床の中ほどにいる菌なので、酸素が少ないと増え、酸素に触れすぎると減る特性があります。また、「産膜酵母」（酸素が好きで表面にいる）、「酪酸菌」（酸素が嫌いで底の方にいる）が増えすぎると、ぬか床のバランスが崩れ、嫌なにおいの原因にもなります。しっかりと上下を入れ替えるように混ぜ返す

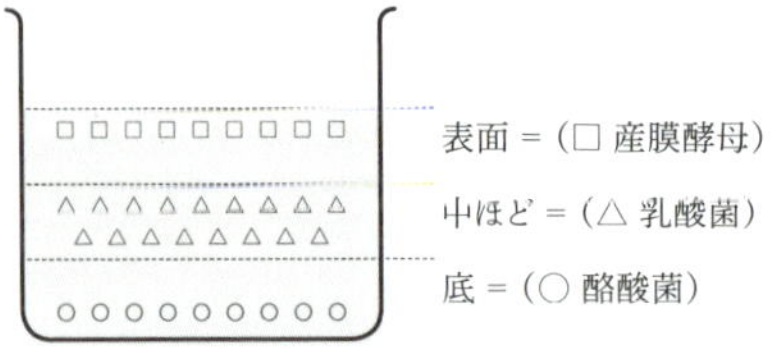

温かい空気は、上にあがる性質があります。
少し寒い時には、意識してぬか床を部屋の高いところへ置くとよいでしょう。

ことで、増やしたい菌と抑えたい菌のバランスを保つことが重要です。

ぬか床の管理で、もう一つ大事なことは「温度」です。

ぬか床にとって適切な温度は20～30℃です。室温が30℃を超えるようなことがなければ、冷蔵庫に入れる必要はありません。ただ、シンク下や扉の中には入れないようにしましょう。風通しが悪く、菌が嫌う環境である上、うっかりぬか床の存在を忘れかねません。目の届く場所に置いてあげましょう。

ぬか床は、バランスよく発酵し菌が定着すると、毎日混ぜる必要もなくなり、冷蔵庫内で漬けることも可能になります。現に我が家のぬか床は、室温で1週間放置してもビクともしないぬか床に育っています。そんな状態までもっていければ「ぬか育て」成功といえるでしょう。

加えてから、4〜5日経った干し椎茸。
すでにまわりが溶けはじめている。
溶ける前に取り出して料理に使うこともできる(P90参照)。

千差万別・ぬか床の育ち方

㊎…ぬか床の期間　香…ぬかの香り　味…ぬか自体の味

我が家1

年 8年
香 酸っぱいにおいはあまりせず、柔らかい香り。私好みに。
味 塩分はふつうだが、若干の苦味を感じる。酸味は少なめ。

我が家2

年 2週間
香 発酵臭はするものの、シンナー臭もあり。まだ心地よい香りではない。
味 塩分が薄く、酸っぱくなってきている。

我が家・肉用

年 8年ものを取り分けて、3回使用
香 酸っぱいにおいとサラミのような発酵臭を強く感じる。
味 酸味はあるが、塩分が薄くなっている。

市販品

年 開封したて
香 ぬか床らしい発酵臭はするものの、何か引っかかるにおい。
味 舌に広がる添加物の味。原材料を確認したら、添加物の表記あり。

友人A

年 3年
香 辛子臭を強く感じる。確認したら、「ぬかみそからし」を入れた直後のものだった。
味 辛味が少し感じられ、塩味は薄い。

友人B

年 1年
香 若干のアンモニア臭。
味 酸味と塩分を強く感じる。市販の発酵ぬか床を半年使用後、半年冷蔵庫で放置していたとのこと。

友人C

年 6カ月
香 強いアンモニア臭。産膜酵母がよく生えるらしい。
味 美味しく感じるものの、塩分が感じられない。

友人D

年 1週間
香 ぬかのにおいが強く、発酵臭はほとんどしない。
味 まろやかで美味しいが、酸味はほとんど感じない。

正解は〝自分好み〟

ぬか床の味比べをすると、それぞれのぬか床の育ち方がまったく違うことがわかります。各家庭の味はもちろん、もとは同じぬか床でも、野菜用か肉用かでも香りが違ってきます。いかに、漬け込んだ素材や副材料でぬか床が変化するかがわかります。

ぬか床のメンテナンスをする上では、ぬか漬けの味だけでなく、ぬか床自体の味やにおいの確認も重要です。

上記のコメントは、あくまで私の主観ですが、香りや味の好みは人それぞれ。我が家のぬか床は、酸味も香りも少ないほうではないかと思います。酸っぱくないとぬか漬けじゃない！　と思う人もいるでしょう。ぬか床としてどちらが正しいの？　ではなく、自分好みに仕上げることが正解なのです。自分好みのぬか床になるよう、上手にコントロールしましょう。

古漬けの愉しみ

古漬けとは、
長く漬けすぎて塩気や酸味が
強くなったぬか漬けのこと。
漬けたまま取り出すのを
忘れて数日が経っていた……
という経験をしたことのある方も
少なくないでしょう。

いつからをもって「古漬け」である
という定義はあまりないように思います。
ぬか床自体の塩分量がどのくらいかと
いうところも大きいので、
はっきりとは言えませんが、
我が家のぬか漬けは、
24時間以上漬けると
そのままで食べるには
塩気が強すぎる状態になり、

酸味もかなり効いてきます。
あえて長く漬けておいて古漬けを
好む方もいるようです。

古漬けは水にさらして塩気を抜いて
食べることもできますが、
色も褪せているので見た目が
イマイチという難点も。

刻んでお茶漬けにしたり、
麺類の薬味としたり、
薄切りにして肉と炒めるなど、
料理に活用するのもおすすめです。

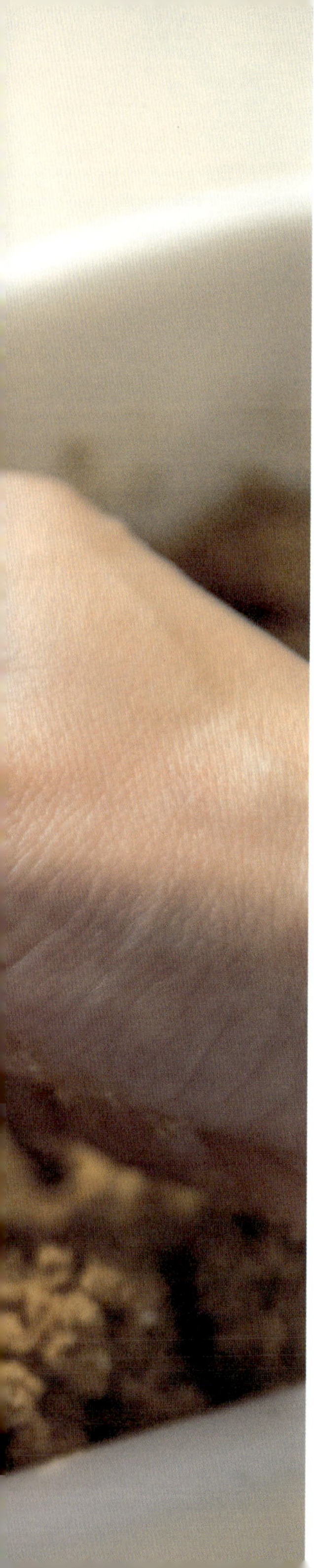

4 ぬか漬けQ&A

Q ぬか漬けを食べる時、ぬかは洗い流したほうがいい？

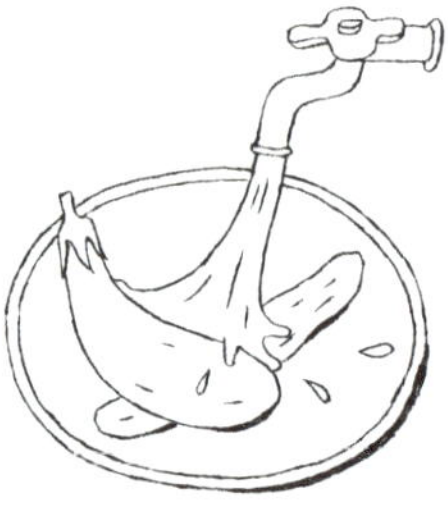

A

洗ったほうがよいですが、お好みでどうぞ。

ぬか床自体は食べても問題ありませんが、洗い落としたほうが食べやすいと思います。漬けたものを取り出したら、しっかり指でぬぐって、野菜の旨味のついたぬかを戻します。洗ったあとにぬか漬けについた水分は、拭き取るのがベター。

漬ける時に気になること

Q ネイルをしたままぬか床をかき混ぜても大丈夫？

A **残念ですが、ネイルはNGです。**

ネイル（マニキュア）がぬか床に溶け出してしまう可能性があるので、ゴムやビニールの手袋をしましょう。基本的には素手がよいので、ぬか床とネイル、今の自分にはどちらが大事なのかをよく考えてみてください。

Q 手が荒れていて、ぬか床に触れるとしみてしまう。

A **手もぬか床も休ませましょう。**

手荒れが落ち着くまで、ぬか床は冷蔵庫で寝かせましょう。ゴムやビニールの手袋を使用してもよいですが、「毎回」は避けたいところ。手の常在菌も、その人ならではのぬか床をつくる一因です。

Q 余った生ぬかはどうすれば？

A **炒って足しぬか用に。**

生ぬかは酸化しやすく、炒って10％ほどの塩を混ぜ合わせます。保存袋に入れて冷蔵庫で保管し、足しぬかに。冷凍保存もできますが、冷凍庫のにおいがつきやすいのであまりおすすめしません。

Q ぬか床を仕込む時に、生ぬかは炒る？　炒らない？

A お好みでどうぞ。

生ぬかを〝そのまま使う〟派と、〝炒る〟派、どちらも間違いではありません。加熱すると生ぬかに含まれている乳酸菌が死んでしまうといわれていますが、炒りぬかでつくってもちゃんと発酵します。炒りぬかには、防虫対策、香ばしさ、保存性を高めるなどの利点があります。私が最初にぬか床を仕込んだ時には、両者のいいとこ取りで、生ぬかと炒りぬか（炒ると実によい香りがします）を半々にしてつくりました。

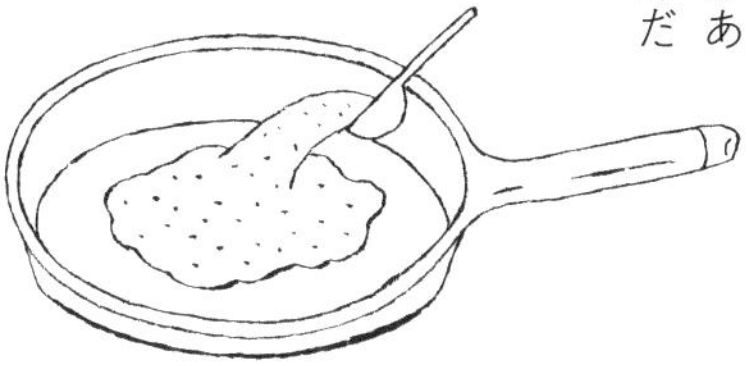

Q 肉・魚用に取り分けたぬか床は、その後どう扱えば？

A 3〜4回はそのまま使用可。その後は適度にメンテナンスを。

足しぬかをして増えたぬか床の使い方として、肉や魚を漬ける提案をしました。それぞれ、肉・魚専用にして、冷蔵庫で保管します。取り分けるのは、衛生面での理由と、動物性の成分が入ることにより、ぬか床も香りがまったく変わってきてしまうためです。

肉・魚専用にしたぬか床は、3〜4回はそのまま使用できますが、その後の扱いは、野菜用のぬか床と同じです。メンテナンスを怠ったりしばらく使わずにいるとダメになってしまいます。嫌なにおいがしてしまったら、潔く諦めて処分しましょう。ぬか床が増えたら、また挑戦してください。

漬ける時に気になること

Q ほかにもぬか漬けにして美味しい意外な野菜や食材を教えて。

A **みょうが、コールラビ、ハヤトウリ。何でも挑戦してみましょう。**

P30～43で紹介しているもの以外で私が美味しいと思う野菜には、みょうが、コールラビ、ハヤトウリ、白菜などがあります。ミニトマトや茹で卵なども漬けてみましたが、私にはイマイチでした。ただし、味覚は人それぞれなので、ぜひいろいろチャレンジしてみてください。

Q ぬか漬けに向いていない食材は？

A **辛味・苦味を多く含むものは、〝ぬか床〟向きではありません。**

ねぎ、玉ねぎ、ゴーヤなど、辛味や苦味の強いものは、ぬか床に味が移るため、あまりおすすめしませんが、好みは人によって異なるので、ご自分の舌にしたがって試してみてください。

Q 副材料は取り出さなくていい？

A **取り出さなくて大丈夫。**

副材料については〝取り出す〟、〝取り出さない〟両方の意見があります。私は後者で、取り出さずにぬか床の肥やしにしています。どちらにせよ、いつの間にか溶けてなくなってしまいます。

Q
ぬか床をもっと美味しくするための副材料はほかにありますか？

A
たくさんの種類を入れたら美味しくなるとは限りません。何事もバランスが大事。

ぬか床に旨味をもたらす副材料は、鰹節や煮干し、にんにく、柚子や生姜など、さまざまなものが挙げられます。昔、いろいろ副材料を試していた時、梅干しを入れてみたこともありました。梅干しについては、ぬか床がアルカリ性に傾き乳酸菌やほかの菌の活動を抑制するのでよくないという話もあるようですが、ぬか床がダメになったということはありませんでした。

市販のぬか床にはビール酵母が含まれているものがあったり、乳酸発酵つながりでヨーグルトを入れる方もいるようですが、入れてはダメというものではないので、気になるものは何でも挑戦してみたらよいと思います。

Q
ぬか床に虫が湧かないか心配。

A
コバエが飛んでいるような環境でない限り、虫が湧くことはないと思います。

ぬかに虫が湧くという話もあるようですが、通常ではあり得ないように思います。もし虫が湧くとしたら、容器を不衛生に保ったまま放置したり、生ゴミの近くに置いたり、蓋を開けっ放しにするなどの原因が考えられます。ぬか床の容器だけでなく周囲の環境も清潔に保つよう、心がけましょう。また、生ぬかに虫の卵が入っているかもしれないという話もあるようですが、よほど気になるなら、炒りぬかを使用してください。

漬ける時に気になること

Q ぬか床で部屋はにおいませんか?

A **気になるほど、においうことはないでしょう。**

容器を清潔に保ち、きちんと蓋を被せていれば、においが漏れることはほぼないと思います。そもそも悪臭と感じるようなにおいのするぬか床はよい状態とはいえないので、お手入れが必要です。

Q ぬか床がフカフカに膨らんでしまいました。

A **過発酵しているようです。足しぬかや塩を加えます。**

発酵で生じた炭酸ガスによって膨らんでいます。原因は、水分が多い、塩分が少ない、かき混ぜ不足などが考えられますが、真夏など室温が高い時も過発酵しやすいです。水分が多い場合は足しぬか、塩分不足の場合は塩を加えるなど、原因に応じて対処しましょう。室温が高すぎるようなら、いったん冷蔵庫に入れてみるのもよいでしょう。よく混ぜてガス抜きをして、発酵を抑えてください。

Q ぬかを洗い流すと、シンクが詰まりがちに。

A **茶漉しなど、目の細かいザルで、ぬか漬けを洗った水を受けてみて。**

シンクの水切りネットの目が細かいと、ぬかで詰まりがち。ボウルに水をためてぬか漬けを洗ったら、その水をザルで受けて漉しましょう。たまったぬかは、水気を切って生ゴミとして捨てましょう。

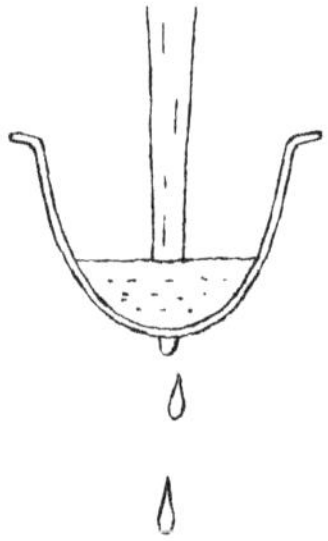

Q ぬか床から取り出すのを忘れて、時間が経ってしまった。

A **古漬けとして料理するのがおすすめです。**

うっかり取り出すのを忘れてしまった！　ということもあるでしょう。そのままで食べるには、しょっぱかったり酸っぱくなってしまっているかもしれません。そんな時は、細かく刻んで調理したり、スライスして肉と炒めたり、オイルに漬け込んでぬか漬けソースにするのもおすすめです。（P76〜参照）

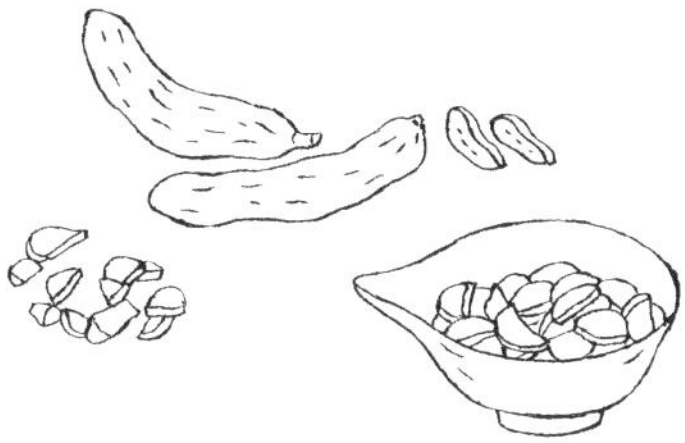

Q ぬか漬けは、取り出してどのくらいで食べればいい？

A **〝すぐに〟が理想ですが、翌日だって美味しく食べられます。**

一般的には、ぬか床から取り出すと酸化がはじまるので、取り出したらすぐに食べたほうがよいといわれていますが、夏は少し冷やしたくらいがより美味しく感じます。また、取り出して切ったあと、冷蔵庫に置くことで味が落ち着くこともあります。取り出してすぐに食べないと悪い影響があるというものでもないので、好きなタイミングで食べたらよいと思います。

Q ぬか床から変なにおいが……。

A **一度醸し出されてしまった嫌なにおいは消えにくいので、ぬか床のメンテナンスをしましょう。**

まずは、ぬか床の〝上下を入れ替えるように〟しっかりと混ぜ、表面をぴったりとならします。そのまま2〜3日放置したのち、ふたたび混ぜ返します。その時に表面に白いカビのような「産膜酵母」が薄く張っていたら、そのまま混ぜ込んでしまいます。それでもまだ嫌なにおいがするようなら、ぬか床の½〜⅓ほどを処分し、新たに足しぬか（ぬかに10％の塩を加えたもの）をします。堅すぎるようなら水を加えてください。よく混ぜ返して表面を平らにならし、2〜3日様子を見てみましょう。

P52でも説明したように、ぬか床には多様な菌が棲んでいて、その中でも大きくかかわってくるものが、「乳酸菌」「産膜酵母」「酪酸菌」の3種類です。「産膜酵母」が増えすぎると、シンナーのような鼻をつくにおいになります。酸素を好み、ぬか床の表面に増えやすい菌なので、かき混ぜて底の方へ移すことで繁殖が抑えられます。「酪酸菌」が増えすぎると、蒸れた靴下のようなにおいになります。酸素を嫌い、ぬか床の底の方で増えやすい菌なので、これもかき混ぜて酸素に触れさせることで繁殖が抑えられます。

このように、あまり増えすぎて欲しくない菌を抑え込み、「乳酸菌」が増えるようにメンテナンスすることで、嫌なにおいは解消されます。「ぬかみそからし」や塩を加えることで、においが抑えられることもあります。

明らかに体が受けつけないにおいがする場合は、腐敗がはじまっている可能性があります。潔く処分して、また挑戦してみてください。

Q ぬか漬けの酸味が強すぎる。

A 乳酸菌が増えすぎているようです。

ぬか漬けが酸っぱくなりすぎるのは「乳酸菌」が増えすぎたせい。〝酸素が嫌い〟な菌で、「産膜酵母」の下あたりが定位置です。酸性に傾いているので、アルカリ性のもので中和し、ぬか床の〝上下を入れ替えるように〟しっかりと混ぜ、市販の「ぬかみそからし」を加えてください。こだわる方は、自分でブレンドして「オリジナルぬかみそからし」をつくるのもよいでしょう。ただし卵殻を加える場合は、サルモネラ菌汚染の可能性があるので、必ず煮沸したものを使用しましょう。

またぬか床自体の塩分が少なすぎても酸っぱくなりすぎることがあるので、塩を足してみるのも手です。

Q ぬか漬けがしょっぱい、あるいは辛い。

A 適切に足しぬかをしてリカバリーを。

しょっぱい時は、ぬか床自体の塩分が強すぎるか、野菜の下処理時の塩をまぶす量が多すぎることが考えられます。ぬか床自体を少し食べてみて、ちょっとしょっぱいな、というくらいがちょうどいい塩分濃度です。しょっぱすぎる場合は塩を混ぜずにぬかを足して調整してください。または、しばらく野菜に塩をせずに漬け込んでいれば、段々と塩分は薄くなってゆきます。

辛い時は、「ぬかみそからし」や赤唐辛子などの辛み成分が多いことが考えられます。赤唐辛子を入れているなら除いて、足しぬかをしましょう。「ぬかみそからし」は味が落ち着くまで控えておいて。

Q ぬか床が苦くなってきた。

A **苦味のある野菜を漬けすぎた可能性が。少し苦いくらいならリカバリー可能です。**

一度ついてしまった苦味を取ることはできないので、薄めることで苦味を感じにくくします。ぬか床の½～⅔ほどを処分し、新たに足しぬか（ぬかに10％の塩を加えたもの）をして水を加えます。「捨て漬け」で水分を加えるとよりよいでしょう。

きゅうりやズッキーニなどは、食べる分にはそれほど苦味を感じませんが、ぬか床に苦味を残します。皮の緑の濃い野菜は苦味が移りやすい傾向があります。2章でも説明したよう、皮を少し剥いたり、塩をするなど、アクを減らして漬け込むことで、ぬか床への影響を少なくすることができます。

Q ぬか床の表面が黒っぽくなる。

A **空気に触れる表面は、酸化で黒くなりますが、特に問題はないでしょう。**

ぬかは多くの脂肪分を含むため、空気に触れる表面が酸化で黒くなります。上下を返すようにして、表面をぬか床の中に混ぜ込んでください。2～3日放置することも多い我が家のぬか床もよく表面が黒っぽくなっていますが、特に問題はなさそうです。

Q ぬか漬けの表面に白いカビのようなものが。

A カビではなく産膜酵母です。ぬか床は捨てないで大丈夫。

「産膜酵母」（P66参照）は、高い塩分濃度の中でも生きられる酵母の一種で、ぬか床の表面に白い膜をつくります。増えすぎるとシンナーのようなにおいになりますが、酸素の少ないぬか床の底のほうでは、「産膜酵母」の活動が変化し、ぬか床らしい芳醇な香りのもとになる成分をつくり出します。

表面にうっすらと「産膜酵母」が生じたら、混ぜ込んでぬか床の風味を増しましょう。ただびっしり一面に生えるほどだと、かき取ってしまってもよいでしょう。

Q 毎日かき混ぜているのに、産膜酵母が生えてしまいます。

A 塩分不足の可能性が考えられます。

ぬか床をひとつまみ食べてみてください。塩気が薄いようなら塩分不足のせいで、「産膜酵母」が増えすぎた可能性があるので、塩を足してみてください。ぬか床自体は少ししょっぱいくらいがちょうどよい塩分濃度になります。産膜酵母の量が多すぎるとぬか床がダメになるわけではありませんが、ぬか漬けが酸っぱくなったりシンナー臭やアルコール臭が出るので、ぬか床をかき混ぜて菌のバランスを整えましょう。

Q

ぬか床の表面に、青や黒のカビのようなものが生えている。

A

カビを生やしてしまうほど放置してしまうなら、一度ぬか床から離れましょう。

よほど放置しない限り、青や黒のカビが生えることは考えにくいです。いったんぬか床をやめて処分しましょう。またぬか床への気持ちが大きくなったら再開してはいかがでしょうか？　カビを除いてメンテナンスすることもできなくはないですが、カビの生えたぬか床に、そこまでこだわることもないでしょう。

Q

ぬか床が、表面だけでなく全体的に色が悪いような気がする。

A

野菜の色移りも原因では。

色が出やすい茄子などを頻繁に漬けたり、Ｐ68のように酸化した表面を混ぜ込んでいると、全体の色が黒っぽくなりがちです。もしぬか床が傷んでいるのなら、嫌なにおいがするようになるので、においが大丈夫なら問題ありません。

Q 野菜の漬かり具合がいまひとつ……。酸味はあるのに、ぬか漬けの色が悪い。

A **塩分が少なくなっているようです。**

塩を足して、塩分濃度を調整してください。

Q 蓋や容器の縁についたぬかは、指で拭わないとダメ？

A **うまくいかないなら湿らせたキッチンペーパーで。**

みなさん、指という素晴らしい「ヘラ」をお持ちです。P11のように、ぜひ指でぬぐって手入れするのがおすすめです。ただうまくいかずにぬかが残ってしまうようなら、湿らせたキッチンペーパーを使いましょう。蓋は汚れてきたら洗いましょう。

Q 野菜を漬けると、すぐにぬか床が水っぽくなる。

A **容器の大きさを見直して。**

いちばんの対処法は、足しぬかですが、それをした上で、あまりに頻繁に水が出るというのは、ぬか床に対して漬ける野菜の量が多いことが考えられます。ぬか床の量を増やして、ひとまわり大きな容器に移し替えるのをおすすめします。

どうしても容器を大きくしたくない場合、「水抜き」（P46）をしてもよいですが、ぬか床の旨味も捨ててしまうことになるのでできれば足しぬかを。ぬか床が容器に入らないほど増えたら、肉・魚用に使うなど（P42、61）、有効活用してください。

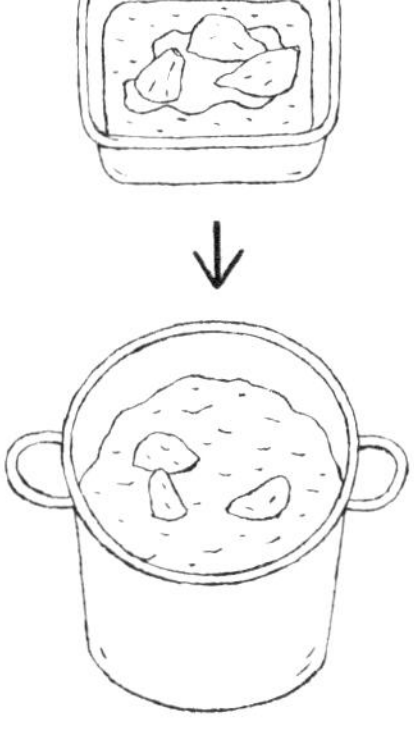

Q よいぬか床、成功したぬか床とはどういう状態のもの?

A **自分が美味しいと思えるぬか漬けがつくれたら、成功です。**

逆に、悪臭がしたり、味がイマイチなぬか漬けになってしまうのは、菌のバランスの崩れたあまりよくないぬか床なのではないでしょうか。

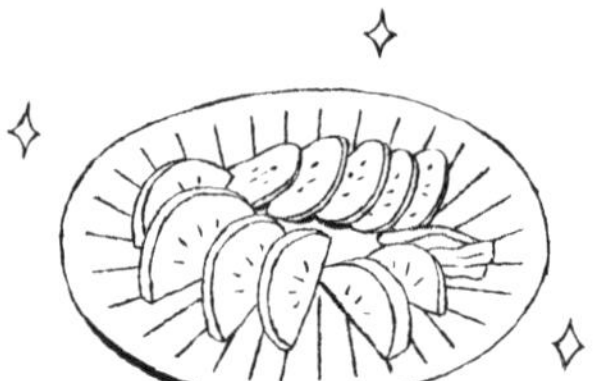

Q 市販の発酵ぬか床の説明に、「冷蔵庫に入れる」と書かれている。結局、ぬか床はどこで保管すれば?

A **菌がしっかり育った熟成ぬか床ならば、冷蔵庫でも漬けることは可能です。**

冷蔵庫の庫内温度は、冷蔵室で約2~6℃、野菜室で3~7℃ですが、「乳酸菌」が活性化するのは25~30℃です。熟成したぬか床の保管は、20~25℃あたりが最適な温度ではありますが、冷蔵庫でも漬からないわけではありません。「乳酸菌」の活動が低下するだけなので、漬ける時間を2~3倍にすれば、ちゃんと漬かります。夏場30℃を超える室内に置いておくと過発酵してぬか床がダメになることも考えられるので、そうした場合は冷蔵庫に入れたほうがよいでしょう。状況に応じて冷蔵庫を利用すればよいと思います。

Q 漬ける野菜が偏りがち。何か悪いことはありますか?

A ぬか床の味にかかわってくるので、いろいろな野菜をつけることをおすすめします。

偏り具合にもよりますが、ぬか床には野菜の成分が水分とともに移ります。アクの強い野菜だけを漬けていたりすると、ぬか床が苦くなるなど、偏りが生じてしまいます。せめて、3種類ほどの野菜は漬けたいもの。いろいろな種類の野菜を漬けることで、ぬか床の味にも複雑さが出てきます。

Q 人からいただいたぬか床を、自分のぬか床に混ぜてもよい?

A もちろん大丈夫。

よい菌が育ったぬか床を加えれば、つくりたてや、菌の弱いぬか床も活性化します。加えたぬか床はあくまで菌を増やすためのもので、いずれその家独特の味に育つのが、ぬか床の面白いところです。

Q ぬか漬けらしい酸味が感じられなくなってきた。

A 乳酸菌がうまく育っていない可能性が考えられます。

「乳酸菌」を増やすべく、努力しましょう。副材料の「ぬかみそからし」や過剰な塩は加えないようにします。「乳酸菌」を増やすために、2〜3日は酸素に触れさせないように、表面をならして寝かせてみるのもよいでしょう。

Q 旅行に行く時はどうすれば？

A 冷蔵庫で保管しておきましょう。

昔は家を空ける時、ぬか床の上に塩で蓋をするのが一般的でした。ただこれは冷蔵庫がなかった時代のこと。1～2週間ほどの旅行なら、塩で蓋をせずに冷蔵庫に入れておくだけで大丈夫です。私は半年ほど冷蔵庫に入れっぱなしにしたことがありますが、ちゃんと復活しました。その間は、低温で「乳酸菌」の活動が停滞しますので、戻ってきたら室温に置いて、ぬか床をかき混ぜて、菌が活動しやすい状態に戻してあげましょう。

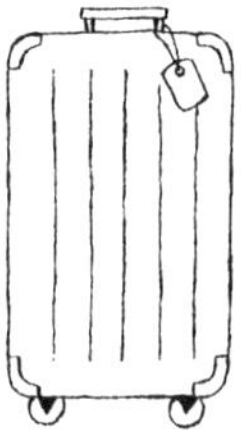

Q 長期間家を空けますが、ぬか床が冷蔵庫に入りません。

A ぬか床の状態を調整し、塩蓋をして、できるだけ涼しい所で保管しましょう。

ぬか床にぬかと塩を加えて、ふだんより堅めで塩分もやや濃い状態にし、表面をしっかり平らにならします。そして、ぬか床の表面が見えなくなるくらいの塩（5㎜ほど）で蓋をします。

再開する時は、そのままかき混ぜてしまうとぬか床の塩分濃度が非常に高くなってしまうので、塩と表面1㎝ほどのぬか床を取り除いてください。ぬか床も堅めで塩分濃度も高くしてあるので、何度か捨て漬けをして、状態を整えてください。取り除いた分のぬかを足す時に、塩の入っていないぬかを足すのもよいでしょう。

Q ぬか床の使用期限は?

A 適切に使い続ければ、いつまでも。

先祖代々、受け継がれてきたぬか床を使っているぬか床名人もいらっしゃいます。適切・適度に手をかけてやれば、半永久的に使うことができます。

Q 気がついたら放置していた。またぬか床は使える?

A におい・色が問題なければ大丈夫。

雑菌が繁殖していれば、見た目やにおいでわかります。嫌なにおいがしたり、カビが生えているようなことがなければ、使い続けられます。私も時々放置してしまいますが、案外と大丈夫なものです。ただし万が一ダメになってしまった時には、諦めが肝心です。

Q ぬか漬けをそれほど食べたくない時やぬか漬けに飽きた時は?

A サクッとお休みするのもよいでしょう。冷蔵庫でお休みさせてください。

夏場は体がぬか漬けを欲しますが、冬場になると不思議と食べたくなくなってくるもので、ぬか床から離れがちになります。かつ、飽きる時期というのもあるでしょう。ふたたび食べたくなった時に、しっかりメンテナンスして復活させてあげてください。また、冬場に加熱調理したぬか漬けを食べるのも、なかなかよいものです。次ページからレシピを紹介しています。

5 活かす

ぬか漬けを「複雑な旨味がついた下ごしらえ済みの食材」
と捉えると、料理の幅がグンと広がり、
そのまま食べるのに飽きてしまった時でも活用できます。
適度な酸味のついたぬか漬けは
油との相性も非常によく、
例えば簡単な炒めものをつくっても、
何とも味わい深い一品に仕上がります。
お酒との相性もばつぐんです。

この章では、

●下味のついた食材として
●油と合わせて「食べるソース」に
●ひき肉と炒めて常備菜に

という、三つの展開法をご紹介します。

下味のついた食材として

ぬか漬けをすでに下味がついた食材と考えれば、
本来ならば火を通したり塩をしていたところ、
ひと手間省けます。
千切り・乱切り・小口切り・みじん切り、
切り方一つで食感も変わり、料理の幅が広がります。

野菜を下茹でせずに肉巻きがつくれます。
冷めても美味しいのでお弁当にもぴったり。

肉巻き

材料

○ぬか漬け ································ 150g
（2〜3種類、好みの野菜を混ぜて使用。
写真はきゅうり、人参、かぶ）
○豚バラ肉（薄切り）··················· 8枚（150g）
○塩・胡椒 ································ 各少々

つくり方

① ぬか漬けは6〜7cmの千切りにし、野菜の種類を混ぜて8等分にする。
② 豚バラ肉を広げ塩・胡椒をし（ぬか漬けの漬かり具合では塩をしなくてもよい場合もある）、①をひと束のせて、端からくらせん状に巻く。
③ フライパンに油（分量外）をひいて中火にかけ、温まったら肉巻きを入れて時々転がすようにして焼く。

※ レシピはすべて2人分の分量

野菜に塩もみをする必要もなく、切ってそのままあえるだけ。
クリームチーズとの相性もばつぐんで、肴にもうってつけ。

クリームチーズあえの
サンドウィッチ

材料

- ○ ぬか漬け …………………………… 100g
  (数種類、好みの野菜を混ぜて使用。
  写真はきゅうり、人参、かぶ、赤パプリカ、セロリ)
- ○ クリームチーズ ……………………… 100g
- ○ サンドウィッチ用のパン ………… 6枚

つくり方

① ぬか漬けは、1cmの棒状に切った上で薄切りにし、室温に戻したクリームチーズとよく混ぜ合わせる。
② 3等分にした ① をパンの片面に塗り、挟む。

サンドウィッチ以外にもそのまま食べたり、クラッカーやチコリなどの野菜にのせて食べても。

ポテトサラダ

材料

- ○ 人参のぬか漬け …… 50g
- ○ きゅうりのぬか漬け …… 50g
- ○ じゃがいも …… 2個(300g)
- ○ 玉ねぎ ……… 小1/4個
- ○ 茹で卵 ……… 1個
- ○ ハム ………… 2枚
- ○ 塩 …………… ふたつまみ
- ○ マヨネーズ …… 大さじ1 1/2

つくり方

① じゃがいもは茹でて皮を剥く。きゅうりと人参のぬか漬けは薄切りにして水気を絞る。玉ねぎは薄切りにして水にさらし、水気を絞る。ハムは食べやすい大きさの角切りにする。茹で卵は殻を剥く。
② ボウルに材料のすべてを入れ、木ベラなどで全体を潰しながらよく混ぜ合わせる。味をみて足りないようなら塩かマヨネーズ(分量外)を加えて味を調える。

肉とぬか漬けを切ってオーブンに入れるだけ。
ぬか漬けの塩気や爽やかな酸味が、ラム肉とマッチします。

ぬか漬けと肉のオーブン焼き

材料

○ ぬか漬け …………………… 250g
（数種類、好みの野菜を混ぜて使用。
写真は人参、パプリカ、ズッキーニ、カリフラワー）
○ ラム肉 ……………………… 250g
（ロースなどの厚みのあるもの）
○ ハーブソルト …………… ふたつまみ（塩のみでも可）
○ オリーブオイル ………… ひとまわし

つくり方

① ぬか漬けは乱切りにする。ラム肉は食べやすい大きさに切ってハーブソルトをまぶす。
② 耐熱皿に ① を混ぜてのせ、上からオリーブオイルをまわしかける。
③ 200℃に予熱したオーブンで、20分ほど焼く。

食べるソースとして

切ってオイルに漬けておけば、
美味しいソースになり、保存性も増します。
オイルの種類で、和洋中に展開が。
ぬか漬けは数種類、好みの野菜を混ぜ合わせて。

和風ソース

○ ぬか漬け……100g
○ 醤油……小さじ2
○ 米油……大さじ2〜3
（クセのないものなら何でも可）

ぬか漬けは細かめのみじん切りにして、材料のすべてを混ぜ合わせる。（写真はれんこん多め、きゅうり、人参、大根）。

洋風ソース

○ ぬか漬け……100g
○ パルメザンチーズ（粉）……大さじ3（15g）
○ オリーブオイル　大さじ2〜3

ぬか漬けは小さめの角切りにして、材料のすべてを混ぜ合わせる。（写真はカリフラワー、ズッキーニ、赤パプリカ、セロリ）。

中華風ソース

○ ぬか漬け……100g
○ 鎮江香醋《ちんこうこうず》……大さじ2
（黒酢か米酢でも可）
○ 白胡麻……小さじ1/2
○ 胡麻油……大さじ2〜3

ぬか漬けは薄切りにして、材料のすべてを混ぜ合わせる。（写真はきゅうり、黄パプリカ、ブロッコリーの茎、人参）。

※いずれも冷蔵庫で1〜2週間保存可能。

のせるだけで、食卓の主役になる華やかな一品。
コクのある洋風ソースが刺身の淡泊さを引き立てます。

カルパッチョ

材料

○洋風ソース……………………………70g
○刺身用のサク………………………100g
○塩………………………………………少々
○セルフィーユ………………………適量（あれば）

つくり方

① 刺身は薄切りにして皿に放射状に並べ、上から塩をふりかける。
② 洋風ソースをのせて、あればセルフィーユを飾る。

※写真は真鯛。淡泊な白身魚によく合います。

洋風ソースで

魚に洋風ソースをのせて焼くだけのシンプル料理。
ソースの塩気だけで、しっかり美味しい。ワインとも好相性。

イワシの重ね焼き

材料

○ イワシ……………………………3尾
○ 洋風ソース………………………100g ┐
○ にんにく…………………………少々 Ⓐ
○ イタリアンパセリのみじん切り…小さじ2 ┘
○ パン粉……………………………大さじ2

つくり方

① イワシは3枚におろすか手開きにする。
Ⓐを混ぜ合わせる。
② 耐熱皿に皮目を上にしてイワシを並べ、上にⒶを広げるようにのせ、パン粉をふりかける。
③ 200度に予熱したオーブン（またはオーブントースター）で、10〜15分ほど焼く。

洋風ソースで

洋風ソースに爽やかなトマトを加えて存在感を。
パスタは、ソースとあえるだけで完成。

サーモンソテー
トマトとぬか漬けソース

材料

○ 洋風ソース……大さじ2
○ ミニトマト……6〜8個(60g)
○ マスタード……小さじ1/2
（以上Ⓐ）

○ サーモン……2切れ(200g)
○ 塩……少々
○ 小麦粉……適量
○ レモン、セルフィーユ（あれば）

つくり方

① サーモンは軽く塩をして、小麦粉を薄くまぶしておく。ミニトマトは小さく切り、Ⓐを混ぜ合わせる。
② フライパンにオリーブオイル（分量外）を入れて中火で熱し、サーモンを焼く。
③ 皿に盛りつけ、ソースをのせ、あればセルフィーユを飾り、レモンを添える。

パスタ

材料

○ パスタ……適量
○ 洋風ソース……適量

つくり方

パスタを茹で、洋風ソースを絡める。

洋風ソースで

醤油の代わりに和風ソースを添えると、また違った味わいに。
異なる食感が互いを引き立てます。

刺身の和風ソース添え

材料

○ 和風ソース …………………… 適量
○ 刺身 ………………………… 6切れ
○ スプラウト …………………… 適量

つくり方

刺身を皿に並べ、和風ソースをひと切れにつき
スプーン半分ほどのせ、スプラウトを飾る。

※写真はカンパチ。鰤や鰹もよく合います。

和風ソースで

ヘルシーにお肉を味わえる一品。
和風ソースが、あっさりとした豚しゃぶを引き立てます。

豚しゃぶサラダ

材料

- ○ 和風ソース……………………50g
- ○ 豚（しゃぶしゃぶ用）…………100g
- ○ 醤油……………………………ひとまわし
- ○ ベビーリーフ…………………適量

つくり方

① 沸騰しないくらいの湯で豚肉を泳がせるように火を通し、ザルに取る。食べやすい大きさに切る。
② ボウルに①と和風ソースを入れて軽く混ぜ合わせ、醤油をひとまわしして、さらに混ぜる。
③ 皿にベビーリーフを盛り、上に②をのせる。

和風ソースで

中華風ソースをかけるだけで、食べ応えのある一皿に。
香菜が苦手な方は、ねぎなどの香味野菜にしても。

豆腐の中華風ソースがけ

材料

○ 中華風ソース……………… 適量
○ 豆腐………………………… 1/2丁
○ 香菜………………………… 適量
○ 醤油………………………… ひとまわし

つくり方

皿に豆腐を置き、まわりに香菜を飾ったら、
上に中華風ソースをかける。
食べる時に好みで醤油をかける。

中華風ソースで

中華風ソースと肉を炒めただけとは思えない、
複雑な旨味が魅力。白いご飯が進みます。

中華風ソースと牛肉炒め

材料

○ 中華風ソース……………… 100g
○ 牛こま切れ肉……………… 150g
○ 醤油…………………………… 小さじ1

つくり方

① 中華風ソースからぬか漬けを取り分ける。ボウルに牛肉を入れ、残ったソースと醤油を加えて揉みこむ。
② フライパンにサラダ油（分量外）を中火で熱して、①のぬか漬けを炒める。全体に火が通ったら牛肉を漬け汁ごと加えて炒め合わせる。

中華風ソースで

ぬか漬けひき肉

ひき肉とあわせて炒めた常備菜。
単体でも白いご飯に合いますが、あと一品という時にも何かと重宝します。
ふつうに野菜のみじん切りを加えるよりも、味に奥行きが出ます。

材料

○ ぬか漬け……150g
○ 干し椎茸のぬか漬け……2個
○ 豚ひき肉……300g
○ 長ねぎ……10cm
○ にんにく……1片
○ 生姜……1かけ
○ みりん……大さじ3
○ 醤油……小さじ2

※ ぬか漬けは数種類、好みの野菜を混ぜて使用。
写真はきゅうり、茄子、人参、かぶ、れんこん。
干し椎茸はひと晩ぬか床へ入れておく。
※ 冷蔵庫で約1週間保存可能。

つくり方

① ぬか漬け、干し椎茸のぬか漬けはみじん切りにする。長ねぎ、にんにく、生姜は細かいみじん切りにする。
② フライパンにサラダ油（分量外）と長ねぎ、にんにく、生姜を入れて中火にかけ、香りがたったらぬか漬け、干し椎茸を加えて4〜5分炒める。
③ ひき肉を加えて、全体がよくなじみ水分が飛んで肉の油がチリチリとするまで炒めたら一度火を止め、みりん・醤油を加えて全体をなじませる。もう一度火をつけて炒め合わせたらできあがり。

ご飯と卵、ぬか漬けひき肉を炒めるだけでできあがり。
いつもの野菜でつくるよりも、味わい深い一皿に。

かんたんチャーハン

材料

- ○ ぬか漬けひき肉…………100g
- ○ ご飯…………300g
- ○ 卵…………2個
- ○ 塩…………ひとつまみ
- ○ 小ねぎ…………4本
- ○ 糸唐辛子（あれば）……適量

つくり方

① 小ねぎは小口切りにする。ボウルに卵を溶きほぐし、塩、ご飯を加えてよく混ぜ合わせる。

② フライパンに油を入れて中火で熱し、①を加えてポロポロになるまで炒めたら、ぬか漬けひき肉を加えてなじませるように炒める。最後に小ねぎを加えてひと混ぜしたらできあがり。

③ 皿に盛って、あれば糸唐辛子を添える。

ぬか漬けひき肉がよい調味料となり、ボリュームも出ます。
インゲンをれんこんや茄子など、ほかの野菜に変えても美味。

インゲン炒め

材料

○ ぬか漬けひき肉 ………… 50g
○ インゲン …………………… 100g
○ 塩 ……………………………… 少々

つくり方

① インゲンは食べやすい長さに切る。
② フライパンにサラダ油（分量外）を入れて中火で熱し、インゲンと塩を加えてしっかり油がまわるまで炒めたら、ぬか漬けひき肉を加えてなじませるように炒める。

ぬか漬けの旨味が餡に溶け込み、白いご飯にも実によく合います。
手早くできて調味料も最小限とは思えない味わいに。

麻婆豆腐

材料

○ ぬか漬けひき肉	100g	
○ 豆腐	1丁	
○ 水	200cc	Ⓐ
○ 豆板醤	小さじ1/2	Ⓐ
○ 鶏ガラスープの素	小さじ2	Ⓐ
○ 醤油	適量	Ⓐ
○ 片栗粉	小さじ2（+水 大さじ1）	
○ 花山椒	適量（あれば）	
○ 小ねぎ	適量（あれば）	

つくり方

① 豆腐は角切りにする。花山椒はあればすり潰す。水溶き片栗粉をつくる。
② 鍋にⒶとぬか漬けひき肉を入れて沸騰したら豆腐を加えて温める。味をみて、足りないようなら醤油を足す。
③ 一度火を止めて、よく溶いた水溶き片栗粉を加えてひと混ぜしたら火をつけ、とろみがつくまで火を通す。皿に盛り、あれば花山椒をかけ、小ねぎを散らす。

あとがき

みなさんのぬか床、順調に育っているでしょうか？

ぬか床育ては、子育てにも似ているなぁ……としみじみ思います。

あまり構いすぎてもよいことはなく、ほどよい距離感が大事なこと。

菌の育つ時期（幼児期）にしっかり手をかけてあげれば、
そのあとは少し放っておくくらいがちょうどよいこと。

時に暴走することもあるかもしれませんが、
その時々に応じたメンテナンスをしていれば軌道修正できます。

しっかり育ったぬか床ならば、よほどのことがない限りダメになることはないでしょう。

そもそも菌は生きものです。

菌の子を育てるような感覚で挑むと、案外うまくゆくのかもしれません。


一度失敗してから数年はぬか床に手を出さなかった私ですが、再開したのは、

〝自分の身体は自分で守らなければならない時代に突入したのだなぁ……〟

と感じたことがきっかけでした。

これからは、より解毒しやすい身体をつくらねば！　と、
さまざまな発酵食品に目を向けるうち、ぬか漬けの美味しさにも開眼したのです。
美味しいと感じてからはぬか床をダメにすることなく、
途中使わない時期も乗り越え、我が家のぬか床も8年目を迎えました。
その間、家族も増え、私も40代に突入しました。
自分の身体のことだけでなく家族の身体を考える時、
毎日の食事に少しずつでも、美味しくて身体にも役立つものを食べることが、
案外大切なことなのではないかなぁ、と思うのです。

美味しいから、ぬか漬け。

美味しく食べていたら、体（腸！）も何だか調子よくなってきたぞ……、
みなさんのぬか漬けライフが、そんなふうに続いてゆけばよいなぁ、と願います。

令和元年5月　　塩山奈央

塩山奈央（しおやま・なお）
パタンナーを経て、料理や縫い物を通じて心地よい暮らしを伝える〝暮らし家〟に。発酵食をはじめとする料理から暮らしまわりまでの提案を行っている。ぬか床歴は8年。著書に『発酵食をはじめよう』（文藝春秋）、『日々、まめまめしく。』（風土社）ほか。
http://mameoiseau.blog62.fc2.com/

撮影　大見謝星斗（世界文化ホールディングス）
デザイン　木村真樹
イラスト　岡田みそ
構成　田村洋子
校正協力　M-cooking-studio
校正　株式会社円水社
DTP　株式会社オノ・エーワン
編集　贄川 雪（世界文化社）

簡単にはじめる
ぬか漬けの教科書

発行日　2019年 6月 5日　初版第1刷発行
2025年 4月15日　第8刷発行

著者　塩山奈央
発行者　千葉由希子
発行　株式会社世界文化社
〒102-8187
東京都千代田区九段北4-2-29
電話　03(3262)5118（編集部）
03(3262)5115（販売部）
印刷・製本　株式会社リーブルテック

©Nao Shioyama, 2019. Printed in Japan
ISBN978-4-418-19312-7

落丁・乱丁のある場合はお取り替えいたします。
定価はカバーに表示してあります。
無断転載・複写（コピー、スキャン、デジタル化等）を禁じます。
本書を代行業者等の第三者に依頼して複製する行為は、
たとえ個人や家庭内での利用であっても認められていません。